ELKE WELSCH

Sylt für Klugscheißer

Populäre Irrtümer
und andere Wahrheiten

KLARTEXT

BILDNACHWEIS

animal.press/Caters News: 80; ©Wolfgang Claussen auf Pixabay: 32/33; ©Linde Knoch, Privatarchiv: 43; picture alliance/akg: 25; picture alliance/Bildagentur-online/Sunny Celeste: 89o.; picture alliance/Fryderyk Gabowicz: 71; Rainer Rothenberg: 18/19, 32l., 55, 59, 69, 96, 98u.; ©Sölring Museen, Altfriesisches Haus seit 1640: 39; ©Sölring Museen, Porträt C. P. Hansen, um 1870: 46; ©Sylt Marketing: 34/35; ©Sylt Marketing, Andreas Hub: 65; ©Sylt Marketing, Holm Löffler: 36; ©Sylt Marketing, Reik Raschke: 20; Elke Welsch, Privatarchiv: 4, 10/11, 12, 13, 15, 22/23, 25, 26, 27, 28/29, 31, 37, 39, 40/41, 49, 51, 52, 53, 54, 56/57, 58, 61, 62, 63, 67, 68, 70, 72/73, 75, 77u., 79o., 81, 82o., 83, 84m., 87o., 97; Wikipedia Commons/Sean Linehan, NOS, NGS National Oceanic and Atmospheric Adminstration (NOAA): 44; ©Youksakka Bow & Funcompany, youksakka.de: 16/17; Beate Zoellner: 21m., 32r., 66, 77, 79u., 82u., 84/85, 87u., 89u., 91, 92, 98o., 99, 103 Adobe Stock: ©druckingenieur: S. 4/5; ©Fineblick: S. 6/7; ©Tanja Bagusat: S. 7; ©lesniewski: S. 9; ©Shawn Hempel: S. 21; ©Bernd Schmidt: S. 21; ©ratpack223: S. 42; ©xiaoliangge: S. 43; ©Butch: S. 45; ©Manfred: S. 58 u.; ©zcy: S. 64 o.; ©Jennifer: S. 64 u.; ©0711bilder: S. 74; ©Christian Schmid: S. 76; ©sosiukin: S. 79; ©Michael Röhrich: S. 86; ©dima_pics: S. 87o.; ©Barbro Bergfeldt: S. 87u.; ©kaipity mitte; ©Ekaterina Druzhinina: S. 88; ©Fineblick: S. 94; ©Dmitriy: S. 95; ©bevisphoto: S. 104l.; ©Aufwind-Luftbilder: S. 104r.

Die Texte auf den Seiten 21, 55 und 92 stammen vom Verlag.
Die Übersetzung des Lieds auf Seite 88 stammt aus: Jörg Christiansen, „Üüs Söl'ring Lön", 1. Strophe, Text: Christian Peter Christiansen (1854–1922) in: Sylter Rundschau, shz.de/5798871, 20.2.2014

Bibliografische Information der Deutschen Nationalbibliothek
Die Deutsche Nationalbibliothek verzeichnet diese Publikation in der Deutschen Nationalbibliografie; detaillierte bibliografische Daten sind im Internet über http://dnb.dnb.de abrufbar.

IMPRESSUM

1. Auflage Mai 2020
Layout und Satz: Ina Zimmermann
Lektorat: Kerstin Goldbach
Umschlagfotos: picture alliance/United Archives (Die Ärzte), picture alliance/imageBROKER (Reisende Riesen), picture alliance/Bildagentur-online/Sunny Celeste (Trachten), Elke Welsch privat (Kegelrobbe Willi, SYLTER SUPPEN, Leuchtturm Kampen), Wikipedia Commons/Sean Linehan, NOS, NGS National Oceanic and Atmospheric Adminstration (NOAA): 44 (Ekke Nekkepenn), ©Tim UR/tock.adobe.com, ©by-studio/stock.adobe.com
Druck und Bindung: Griebsch & Rochol Druck GmbH, Gabelsbergerstraße 1, D-59069 Hamm
© Klartext Verlag, Essen 2020
Alle Rechte vorbehalten
ISBN 978-3-8375-2190-0

KLARTEXT   Jakob Funke Medien Beteiligungs GmbH & Co. KG
Jakob-Funke-Platz 1, 45127 Essen
info@klartext-verlag.de, www.klartext-verlag.de

Inhalt

- 4 Die Autorin
- 5 Zum Geleit
- 6 Insulaner und Touristen
- 8 Inselsteckbrief
- 10 Sand für Sylt
- 12 Das Rätsel der Stufen
- 13 Marmelade to go
- 14 Laubenpieper auf der Insel
- 16 Happy Place Youksakka
- 18 Der „farblose" Leuchtturm
- 20 Das Meer blitzt!
- 21 Sylter Fischsuppe
- 22 Ein Stück Sylt zum Einverleiben
- 24 Henriette, die erste Zahnärztin
- 26 Wahrzeichen zum Faulenzen
- 27 Bunte Wand in Westerland
- 30 Ein Leuchtturm, der nicht nur leuchtet
- 32 Radeln verboten!
- 34 Per Wurfgeschoss auf die Insel
- 36 Der DIY-Weihnachtsbaum
- 37 Inselnachbarn
- 38 Die Mär vom gemütlichen Friesenhaus
- 40 Wenn der Friese friert
- 42 Es war einmal …
- 44 Rumpelstilzchen? Ekke Nekkepenn!
- 46 Sagenhafte Insel
- 47 Gur Dai altermaal!
- 48 Boule und Buddha
- 50 Wat(t) zum Essen
- 52 Geheimnisvolle Strandfunde
- 53 Insel in Bewegung
- 55 Die Unvollendete
- 56 Weißes Gold
- 58 Rosa rugosa
- 60 Der Mantel des Gewissens
- 62 Zugang zum Meer: kostenlos
- 63 Unvergessene Strandleichen
- 64 Ups und Downs einer Muschel
- 66 Hilfe, die Heide brennt!
- 68 Champagner, Wein und Bier
- 70 Hymne für Sylt
- 72 Fridays for Future
- 74 Ein Berg auf Sylt
- 76 Hundstage
- 78 Eine gefräßige Dame
- 80 Das „Vogel-Becken" in Rantum
- 82 Die vielen Farben des Morsum Kliffs
- 84 Was Köln und Sylt verbindet
- 86 Hochsaison für einen dunkelgrünen Star
- 88 Üüs Söl'ring Lön
- 89 Mit Stil der Kälte trotzen
- 90 Eine Koje nicht zum Schlafen
- 92 Piratentörn mit Tänzerin
- 93 Das Klugscheißer-Quiz
- 99 Sylt. Eine Zeitreise
- 104 Was andere über Sylt sagen

Die Autorin

Nach mehrfachen Reisen ins Land der aufgehenden Sonne lebte und studierte Elke Welsch ein Jahr in Japan und reiste quer durch Neuseeland. Doch weder die eine noch die andere Insel faszinierte sie so sehr wie eine viel kleinere Insel im Norden Deutschlands: Sylt liegt zwar nicht gerade um die Ecke ihrer Geburtsstadt Köln, aber auch nicht am Ende der Welt.
Nach jahrelanger Tätigkeit als Redakteurin und Projektmanagerin für Verlage folgte die leidenschaftliche Läuferin sowohl beruflich als auch räumlich ihrem Herzen und siedelte nach Sylt über.

Elke Welsch

Zum Geleit

Es gibt wohl kaum einen Ort, der mit derlei vielen Klischees behaftet ist wie Sylt. Diese lassen sich ganz einfach bestätigen: indem man sein Augenmerk explizit darauf ausrichtet, genau dorthin geht und das macht, wovon alle reden. Wenn man sich nicht mit dem Privatjet einfliegen lässt, kann man auch mit der Bahn zum Sparpreis auf die Insel reisen. Vielleicht ist das nicht immer bequem: Technische Probleme mit Zügen vom Festland sind derweil (noch) ein verheerendes Thema. Urlauber haben Anreiseschwierigkeiten schnell vergessen, sobald der Zug den Hindenburgdamm passiert. Für Pendler aber, die auf der Insel arbeiten (oder Sylter, die aufs Festland pendeln), kann das ein existenzielles, stressreiches Desaster sein …
Apropos Hindenburgdamm: Warum heißt dieser Damm überhaupt so? Und was hat es mit dem sagenumwobenen Meeresleuchten auf sich? Die Antworten auf diese Fragen – und viele weitere – finden Sie in diesem Buch.
„Sylt für Klugscheißer" gibt einen Anstoß für (neue) Entdeckungen und zeigt überraschende Seiten einer Insel, die so viele meinen zu kennen.

Elke Welsch

Insulaner und Touristen

Wenn es um Sylt geht, ist ein Thema on top: die Anzahl der Einheimischen. **13.595 Einwohner***stehen etwa **960.000 Touristen** jährlich* gegenüber. Interessant ist ein Blick auf die Zeit vor dem Tourismusboom.

1947 zählte man ebenfalls fast 13.000 Einheimische. Mehr als verdoppelt wurde die Zahl durch die vielen Kriegsflüchtlinge (Ostvertriebene). Die Insulaner selbst blieben vom Krieg weitestgehend verschont. Sylt war Militärstützpunkt, aber keine Zielscheibe.
Zeitsprung: 2003 zählte die Insel noch um die 20.000 Einwohner. Einige Tausend zogen aufs Festland, Grundschulen wurden geschlossen. Die Geburtenrate sank so stark, dass sogar die Geburtsstation im Klinikum dichtmachte. Junge Leute wollen studieren, Familien wollen ein Haus (bauen), Immobilien sind zu teuer. Sylt ist zum Teil selbst für sein Schrumpfen verantwortlich:

*Statistisches Amt für Hamburg und Schleswig-Holstein (Statistikamt Nord), Stand 12/2018
*Sylt Marketing GmbH (SMG), Stand 02/2020

Häuser werden vererbt, Geschwister können es sich nicht leisten, das Erbe unter sich aufzuteilen, also wird verkauft – zu einem grandiosen Erlös. Prinzipiell kennt man die Problematik auch andernorts, wenngleich zu anderen Immobilienpreisen. Aber gerade diese machen Sylt so interessant, stellen die Insel in den Fokus der Medien. Ebenso die vielen, oft lange Zeit leerstehenden Häuser, die sich im Besitz von wohlhabenden Nicht-Insulanern befinden. Ein simples Spiel von Angebot und Nachfrage. Preise steigen in die Höhe, weil es Käufer gibt. Übersehen wird dabei die Mehrheit an Einheimischen, die alles dafür tun, um auf der Insel zu bleiben, die Natur zu schützen, Traditionen zu bewahren und Kultur zu fördern: Mit Sandaufschüttungen kämpft man gegen Sandverluste, Volksfeste, Stadt- und Naturführungen bringen Gästen wie Einheimischen die Insel näher. Kämpferisch zeigt man sich auf Sylt auch, was den Mangel an bezahlbarem Wohnraum betrifft. Vor dem Hintergrund eines Wohnraumentwicklungskonzeptes entstanden neue Wohneinheiten, weitere Wohnbaumaßnahmen sind geplant.

Inselsteckbrief

Lage: Sylt ist die nördlichste und größte deutsche Nordseeinsel und die viertgrößte Insel Deutschlands (nach Rügen, Usedom und Fehmarn in der Ostsee). Nördlich von List auf Sylt liegt die dänische Insel Rømø, deren Hafen Havneby täglich per Fährüberfahrt mit dem Lister Hafen verbunden ist. Südlich liegt die Nordseeinsel Amrum, südöstlich Föhr.

Fläche: 99 Quadratkilometer, Länge ca. 40 Kilometer, Breite um die 12 Kilometer. Lange gab es bei Rantum mit gut 500 Metern Breite die schmalste Stelle auf Sylt. Nach heftigen Winterstürmen maß man 2015 mit um die 320 Metern eine schmalere Stelle am Königshafen bei List auf Sylt (Bucht zwischen Ellenbogen und Listland).

Inselorganisation: Sieben Ortsteile bilden die Gemeinde Sylt: Westerland, Tinnum, Keitum, Archsum, Morsum, Munkmarsch und Rantum. Die Gemeinden Hörnum, Kampen, List auf Sylt und Wenningstedt-Braderup sind eigenständig, die Verwaltungsarbeit läuft zentral über die Inselverwaltung der Gemeinde Sylt.

Sprache: Das Sylter Friesisch „Sölring" ist eine eigenständige, nordfriesische Sprache (allein Friesisch unterteilt sich in Westfriesisch, Ostfriesisch und Nordfriesisch). Eine Unterhaltung auf Sölring ist mit den Inselnachbarn auf Amrum und Föhr nahezu unmöglich.

Leitspruch: Rüm Hart – Klaar Kiming: Reines Herz – Klarer Horizont. Friesischer Wahlspruch für die Hoffnung auf eine sichere Seefahrt und Heimkehr, Weltoffenheit, Großherzigkeit.

Begrüßung: Den ganzen Tag von morgens bis abends grüßt man sich mit „Moin!".

Höchster Berg: die Uwe-Düne, benannt nach dem Sylter Freiheitskämpfer Uwe Jens Lornsen (1793–1838).

Sand für Sylt

Sand ist seit jeher ein extraordinäres Thema für Sylt: Je heftiger die Stürme, desto größer die Sandverluste. Die Sorge, dass Sylt verschwindet, ist nicht unberechtigt – würde man nichts tun. Versuche, den Sand durch Buhnen und Tetrapoden zu halten, führten nicht zur Lösung des Problems.

1972 startete man erstmalig mit Sandaufspülungen. Seit 1984 pumpt man regelmäßig mit dem Saugbaggerschiff ca. 8 Kilometer vor Sylt Sand aus einer Tiefe von 15 bis 30 Metern hoch. Hiernach dockt das Schiff an eine im Meer befindliche 1.200 Meter lange Rohrleitung an und pumpt den Sand zurück

auf die Insel. Dort walzt man ihn mit Planierraupen zurecht. Jährlich sind das bis zu 1 Million Kubikmeter Sand, manchmal sogar mehr! Die Kosten von mehreren Millionen Euro werden von Bundes-, Landes- und EU-Mitteln getragen. Teuer, aber wirkungsvoll. Und sinnvoll, denn: Aufgrund der Tiefe des Meeresbodens vor der Küste bremst die Insel die Wasserkraft der Nordsee vor dem Festland – Sylt ist ein Wellenbrecher. Andere Nordseeinseln wie Amrum und Föhr sind durch Flachwasser und Sandbänke geschützt, die Meeresenergie entlädt sich schon vor deren Küsten.
Ein besonders robuster (aber eben auch nicht ausreichender) Küstenschutz ist pflanzlicher Natur: der Strandhafer, dessen Wurzeln sich bis zu 10 Metern tief in die Dünen graben können. Das Gras erstreckt sich über ganz Sylt, zielgerichtet gepflanzt wurde es ab dem 19. Jahrhundert. Bis dahin wanderte der Sand quasi kreuz und quer über die Insel. Statt Schnee musste man Sand vor der Haustür schippen. Drei letzte Dünen in List, deren Gebiet seit 1923 unter Naturschutz steht, dürfen noch umherstreu(n)en: Deutschlands größte Wanderdünen in Listland wandern jährlich 6 bis 7 Meter, je nach Wetterbedingungen auch bis zu 10 Metern, gen Osten. Spannend wird es, wie der Naturschutz eines Tages reagiert. Vielleicht mit einer Umgehungsstraße? Auf der Zielgeraden der Wanderdünen liegt nämlich die Listlandstraße …

Wanderdüne der „Sylter Sahara" (Listland)

Das Rätsel der Stufen

Ein wenig abseits von der betriebsamen Ortsmitte in Westerland liegt ein Dünenaufstieg, der von unten betrachtet recht unspektakulär wirkt. Stolz ist man, wenn man den stufenreichen Strandübergang Nr. 49 namens Himmelsleiter erklommen hat. Diverse Spekulationen um das Längenmaß fordern zur Inspektion vor Ort heraus: Mal sind es 26 Meter, mal um die 31 Meter. Ebenso uneinig ist man sich, was die Anzahl der Stufen betrifft. Die einen sprechen von 104 Stufen, eine Kölner Sylt-Reisende behauptet felsenfest seit vielen Jahren 98 Stufen zu zählen. Ich selbst habe 97 gezählt in Übereinstimmung mit der Kurkartenkontrolleurin im Kassenhäuschen. Leider war sie nicht mehr da, als ich den Rückweg antrat, um mein Ergebnis zu feiern.
Die unterschiedlichen Daten sind eventuell der tagesaktuellen „Sand-Lage" geschuldet. Oder einer unterschiedlichen Bemessungsgrundlage: Zählt man bis zum vorletzten Treppenabstieg, kommt man auf 93 Stufen (hier führt noch mal ein Holzlaufsteg entlang der Dünen). Oder schließt man die letzten Stufen mit ein, bis man im Sand versinkt? Dann wären es tagesaktuell 99 Stufen gewesen. Am besten Sie zählen selbst nach. Oben angekommen wird man mit einem himmlischen Ausblick über Westerland und das Meer belohnt.

Vom „Gipfel" der Himmelsleiter hinab ins Meer

Marmelade to go

Vor allem in Großstädten wie München, Berlin und Köln kennt man die Kisten mit der Aufschrift „Zu verschenken", die unbedarft am Wegesrand stehen. Je nach Inhalt finden die Dinge nicht immer einen neuen Besitzer, da nasse Bücher, Spielzeug oder Schuhe im vom Regen durchnässten Pappkarton nicht mehr wirklich brauchbar sind.

Beim Sylter Pendant ist die mannlose Pappkiste ein mannloser Holzkasten. Nordseegerecht wind- und wetterfest. Verschenkt wird hier nichts. Bei genauem Hinschauen erkennt man, dass es sich um einen Verkaufskasten handelt, denn mittendrin thront eine vom Sylter Klima oxidierte Geldkassette. Drum herum steht selbst gemachte Marmelade in unterschiedlichen Geschmacksrichtungen: Rhabarber, Himbeer-Holunder, Quitte oder Erdbeere mit Sylt-Rose aus hauseigenem Garten. Ängste vor Schwund wie in einer Großstadt scheint es hier mitten im Herzen der Insel nicht zu geben. Ein Spiegelbild des Friesenmottos „Rüm Hart" (Weites Herz) schlechthin, vorurteilsfrei und offenherzig. Und es funktioniert: Auf Nachfrage hin stimme die Kasse immer. Fein säuberlich in den Kasten gesetzt, ist jede Marmelade mit Preisschild und Zutatenliste versehen. Vor dem Kastenhäuschen hängt ein Rückgabebeutel für geleerte Gläschen. Recycling inklusive!

Mini-Selbstbedienungsladen an der Straße

Laubenpieper auf der Insel

Die Idee der Kleingärten stammt aus dem 19. Jahrhundert, der Begriff „Schrebergarten" geht zurück auf den Leipziger Arzt Moritz Schreber, der den Anstoß zur Anlage von Kleingärten und Gartenkolonien gab, damit die Menschen sich dort erholen und körperlich ertüchtigen konnten. Heute sollen Kleingartenanlagen für Erholung und Zeit in der Natur vor allem bei Stadtbewohnern sorgen. Berlin, Hamburg, München und auch die Städte des Ruhrgebiets liegen ganz vorne bei der „Kleingartendichte". Aber Sylt?

Wieso sollte jemand auf Sylt Interesse an einem Schrebergarten haben? Auf einer Insel mit der besten schadstofffreien Luft und dem Meer vor der Haustür? Dennoch: Allein in Westerland gibt es drei Kleingartenanlagen! Verstreut auf der Insel liegen noch mehr in Hörnum, Wenningstedt und Keitum. Westerland hat den größten Ortsverein der Insel, und jede Anlage hat ihren eigenen Namen: Claus Stüven und Halemdüür gehören der Gemeinde Sylt, Eigentümer der Anlage Gösing ist die Evangelische Kirchengemeinde Westerland. Gegründet 1932, gibt es heute 156 aktive Mitglieder – das ist die Anzahl der Parzellen, die zur Verfügung stehen. Die Zahl der 220 passiven Mitglieder (Stand 10/2018) setzt sich aus „Gartensuchenden" und „Gartenfreunden" zusammen. Auf die heiß begehrten Parzellen muss man lange warten!
In Hochbeeten wachsen hier Thymian, Salbei, Radieschen, Möhren, Kartoffeln, Bärlauch. Im Sommer werden kiloweise Erdbeeren geerntet.
„Wir brauchen kein Meer, um abzuschalten", verlautet manch Sylter Kleingärtner.
Ein Kleingarten in der kleinsten Anlage Westerlands, das ist ein richtig guter Rückzugsort. Und den braucht man selbst auf einer Insel, vor allem mit Hun-

derttausenden von Gästen jährlich. Außerdem: Gemüse- und Obstanbau sind am Strand nicht möglich. Kräuter könnte man zur Not im Setzkasten züchten, Gemüse auf Balkonien, sofern vorhanden. Nicht nur, dass die Ausbeute schmählich ist: Gärtnern mit Gleichgesinnten macht viel mehr Spaß.

Logisch, dass es auch auf Sylt Kleingärten gibt!

Happy Place Youksakka – fokussieren, loslassen, glücklich sein

EXTRA

Aha

Haben Sie schon mal von „Youksakka" gehört? Die nordische Bogengöttin und Hüterin der Bogenschießkunst ist Namensgeberin der einzigen Sylter Bogenschule.

Ganz gleich, ob man je Pfeil und Bogen in der Hand hatte, ob man sechs, sechzig oder hundert ist: Die einzige Bogenschule der Insel lädt dazu ein, Bogensport und Bogenbau zu lernen, Techniken zu verfeinern oder auszuprobieren. Zielscheiben und 40 verschiedene 3D-Ziele wie Bären und Dinosaurier sorgen für abwechslungsreiche Schießeinheiten.
Bogenpeter, wie man Inhaber Peter Berhorst auf Sylt nennt, ist Spezialist für steinzeitlichen Bogenbau für das traditionelle, intuitive Bogenschießen, die ureigenste Form des Schießens. Einmal den Bewegungsablauf verinnerlicht, agiert man, ähnlich wie beim Werfen eines Balles, aus dem abgespeicherten Erfahrungsschatz heraus. Stark abzugrenzen ist das olympische Bogenschießen, bei dem der Schütze durch ein Visier schaut und Ausgleichsgewichte benutzt. Ein No-Go bei der steinzeitlichen Variante. Hier zählen die intuitiven Bewegungsabläufe. Der Schütze deutet auf sein Ziel, richtet den Körper dorthin aus: fokussieren, loslassen, treffen, nachspüren. Der Bogen ist keine Waffe mehr, sondern Meditationsinstrument, der Schuss eine Art Selbstreflexion. Mit jedem abgeschossenen Pfeil lässt man los, lässt die Anspannung nach.

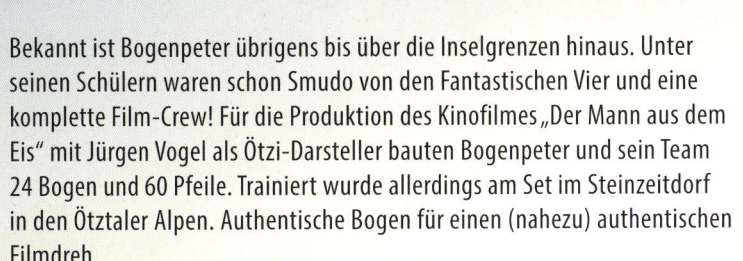

Bekannt ist Bogenpeter übrigens bis über die Inselgrenzen hinaus. Unter seinen Schülern waren schon Smudo von den Fantastischen Vier und eine komplette Film-Crew! Für die Produktion des Kinofilmes „Der Mann aus dem Eis" mit Jürgen Vogel als Ötzi-Darsteller bauten Bogenpeter und sein Team 24 Bogen und 60 Pfeile. Trainiert wurde allerdings am Set im Steinzeitdorf in den Ötztaler Alpen. Authentische Bogen für einen (nahezu) authentischen Filmdreh.

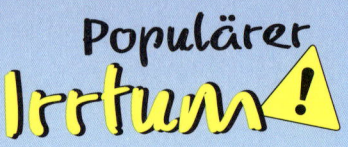

Der „farblose" Leuchtturm

Leuchttürme sind rot-weiß gestreift. Oder zumindest rot. Dass das nicht unbedingt so sein muss, zeigt eines der beliebtesten Sylt-Motive. Ob als Kunstdruck, Malerei oder Fotografie: Das Kampener Leuchtfeuer ist seit jeher ein perfektes Motiv für Künstler.

Was war zuerst da: der Leuchtturm oder die „Belted Galloways"?

2016 schaffte es der Leuchtturm sogar auf eine Sondermarke der Deutschen Post. Eine Überraschung nicht nur für die Gemeinde Kampen, sondern auch für den Kampener Bauern Jörg Runkel, dessen schwarz-weiß gestreifte Rinder, sogenannte „Belted Galloways" (belted = gestreift), ebenfalls auf der Sondermarke abgedruckt sind.

Am 1. März 1856 wurde das Leuchtfeuer „Rote Kliff" in Betrieb genommen, erst 1975 wurde es offiziell als Leuchtfeuer Kampen bezeichnet, geläufig sind beide Namen. Den heutigen schwarz-weißen Anstrich erhielt der Turm im Jahr 1953. Beinahe hundert Jahre lang wechselten die Farbanstriche des zunächst naturbelassenen Mauerwerks von Braun bis Hellgrau. Ungeeignete Farbgebungen, denn bei Schietwetter war der Turm schlecht zu sehen. Es kam zu Beschwerden innerhalb der Schifffahrt. Das führte schließlich zur endgültigen Tageskennung schwarz-weiß gestreift („weißer Turm mit schwarzem Band"). Bemerkenswert ist das erstaunliche Fundament des Leuchtturms, das während einer Inspektion freigelegt wurde: Während der Hörnumer Leuchtturm auf einem Betonsockel errichtet wurde, fußt das Kampener Leuchtfeuer auf zehn vermörtelten Ziegelsteinlagen und weiteren vier dicken Lagen Findlingen.

Das Meer blitzt!

Ein unkalkulierbares, seltenes Naturschauspiel ereignet sich im Hochsommer an Sylts Küste. Wenn es tagsüber sonnig und windstill ist, kann das sogenannte Meeresleuchten auch schon im Mai gesichtet werden. Die blau-grüne Meeresillumination wirkt mystisch-übernatürlich, lässt sich aber naturwissenschaftlich erklären: Meeresleuchttierchen *(Noctiluca scintillans)*, eine Algenart, ernähren sich durch das Verschlingen anderer Algen, Bakterien, Plankton und Fischeier. Sind die Futterpartikel aufgebraucht, verschwindet das Leuchtphänomen: Die Meeresleuchtalgen verhungern und werden selbst gefressen, von Bakterien oder Planktonkrebsen.

Zum Leuchten im Wasser kommt es bei Irritationen, wenn die Algen eine Reizung wahrnehmen: Das kann ein Wellenschlag sein, ausgelöst durch Wind oder vorbeiziehende Schiffe. Auch eine Berührung durch einen Schwimmer ist denkbar. Dann setzen sie ein Enzym frei, das eine Substanz abbaut, die zur Lichtproduktion führt. Im Grunde ein Schutzreflex, um nicht gefressen zu werden: Ein Räuber mit leuchtender Beute im „Bauch" läuft Gefahr, schnell entdeckt und selbst gefressen zu werden.

Doch wann kann man das Meeresleuchten zu Gesicht bekommen? Man müsste sich wohl nachts am Strand auf die Lauer legen oder regelmäßig nächtliche Strandwanderungen unternehmen. Die Chancen stehen 1:1, ein bedeutendes Indiz schon tagsüber zu sichten: Dann erscheinen die Planktonorganismen nämlich als rosafarbene, quabbelige Masse im Meer.

Sylter Fischsuppe – ohne Fisch und ohne Gräten!

Jürgen Gosch – oder zumindest seine Restaurants – kennt auf und auch außerhalb von Sylt wohl fast jeder. Nachdem er eine Zeit lang Aale im Bauchladen verkauft hatte, eröffnete er 1972 einen Fisch-Verkaufsstand am Lister Hafen. Weil ihm zuerst die Ausschankerlaubnis fehlte, erfand er die „wahre Fischsuppe". Hier gibt es das Rezept dazu!

Zutaten (für 12 Personen):
Plastikschälchen
Eine Handvoll Krabben
1 Flasche Doppelkorn
1–2 Flaschen Zitronenlimo

So wird es gemacht:
Befüllen Sie pro Person ein Plastikschälchen mit einigen Krabben.
Dann füllen Sie die Schälchen mit Doppelkorn und Zitronenlimonade auf.
Voilà – guten Appetit!

Ein Stück Sylt zum Einverleiben

„Restaurantqualität auf Bordsteinkantenniveau" sagen Feinschmecker und Kenner der Kochszene. Dass man vor einem guten Essen keinen Prosecco braucht, keinen Kaffee, Espresso und sonstiges Chichi, erfährt man am SYLTER SUPPEN-Wagen von Maurice Morell.

Ein bisschen versteckt hinter der Sylter Eismanufaktur steht das historische Gefährt aus den 1950er Jahren. Je nach Wetter kann man es sich mit Suppe, Sonnenschirm oder Wolldecke umgeben von raschelndem Dünengras direkt neben dem Wagen bequem machen. Das Drumherum zählt hier genauso wie der gute Geschmack der Suppe selbst. Man is(s)t einfach da. Vielleicht liegt es an der Schlichtheit, die eine Suppe so mit sich bringt: Man löffelt. Ganz einfach.

Dass Maurice den stylischen Wagen eigenhändig zu dem machte, was er ist, spricht ganz für den Suppenkoch selbst. Er stellt sich auch mal ins Watt und sammelt Queller. Mit der salzig-aromatischen Meerespflanze als Topping verleiht er den Suppen echten Sylter Charme. Fast ausschließlich landen saisonale Zutaten im Topf: Kartoffeln, Rote Bete und Möhren aus der Region. Ebenso Kräuter, wenn nicht vom eigenen Beet, aus Morsum oder Tinnum. Gekocht mit Sylter Wasser, gewürzt mit Sylter Meersalz. Ein paar wenige Ausnahmen wie Kokoscreme, Ingwer, Dattelsirup und Süßkartoffeln dienen als trendige Würze zum Verfeinern.

Zum Feierabend gibt's ein Highlight für beherzte Suppenretter: Übrig gebliebene Suppe gibt Maurice über die dänische App *Too Good To Go* vergünstigt aus, in kompostierbarem Pappbecher oder dem eigenen Behältnis. Ein simples Anti-Lebensmittelverschwendungs-Konzept.

Maurice ist nicht nur Wagen-Restaurator, Suppenkoch, Gemüse- und Kräuterfachmann: Als „Inselgeher" zeigt er Wanderern die Schönheit der Insel. Er begleitet einsame Menschen an Orte, die sie immer schon mal aufsuchen wollten, bloß nicht allein.

Henriette, die erste Zahnärztin

Henriette Hirschfeld-Tiburtius wird am 14. Februar 1834 in Westerland auf Sylt geboren. Sie ist 19, als sie den Bund einer tragischen Ehe eingeht. Einige Jahre erträgt die Pastorentochter das Leben mit ihrem trunksüchtigen Mann. Dann flüchtet sie. Es dauert Jahre, bis die Scheidung amtlich ist. Ohne große Geschichtskenntnisse kann man sich die damaligen Einstellungen gegenüber dem weiblichen Geschlecht ausmalen: „Der Beruf einer Frau ist die Ehe". Arbeitslos und etikettiert als geschiedene, gescheiterte Frau, bricht Henriette auf ins florierende Berlin und kann bei einer Freundin unterschlüpfen. Neben anderen arbeitssuchenden Frauen bleibt auch Henriette erfolglos, bis sie auf die Idee kommt Zahnmedizin zu studieren.

Finanziell unterstützt macht sich Henriette 1867 per Schiff auf nach Amerika, um dort ihren Traum vom Studium zu erfüllen – denn das ist in Deutschland zu dieser Zeit noch nicht möglich. Mehr als mutig, denn Gewissheit auf Anerkennung der Ausbildung in Deutschland gibt es nicht: Höhere Bildung ist für Frauen nicht vorgesehen, eine offizielle Zulassung zu den Staatsprüfungen der Zahnmedizin, Medizin und Pharmazie nicht möglich. Angekommen in New York folgt die nächste Hürde: Frauen in den USA genießen zwar einen höheren gesellschaftlichen Status, doch Studieren ist dem männlichen Geschlecht vorbehalten. Über Umwege erringt Henriette dennoch einen Studienplatz, nach zwei Jahren ist sie „Doktor of Dental Surgery" und damit Deutschlands erste approbierte und promovierte Zahnärztin.

Zurück in Berlin gründet sie eine Praxis, in der aus moralischen Gründen ausschließlich Frauen und Kinder behandelt werden. Schon bald genießt sie einen exzellenten Ruf, so dass sie zur Hofärztin von Kronprinzessin Viktoria ernannt wird. Sie behandelt nicht nur deren Kinder, sondern auch den

Ehemann. Erfolg hat sie schließlich auch in der Liebe: Mit Anfang 40 wird Henriette zum zweiten Mal Mutter, bemerkenswert für damalige Verhältnisse. Bis Mitte 60 übt sie ihre Arbeit als Zahnärztin aus und setzt sich für finanziell schwächer gestellte Frauen ein, unentwegt den Fokus darauf, Frauen und Mädchen die bestmögliche zahnmedizinische Versorgung zu bieten.
Sie stirbt am 25. August 1911 in Berlin.

Der kämpferischen Sylterin wurde ein Straßenschild in Westerland gewidmet.

Wahrzeichen zum Faulenzen

Möwengeschrei, Sand in den Schuhen, Sturmfrisur, Strandkorb. Erfunden wurde er wohl nicht hier, sondern an der Ostsee. Doch er prägt das Bild der Insel. Um die 12.000 Exemplare des inoffiziellen Wahrzeichens stehen in der Hochsaison an der Westküste.

Erstklassige Qualität wird den originalen Sylter Strandkörben nachgesagt. Das hat auch seinen Grund: In Feinarbeit werden die Körbe den extremen Witterungsverhältnissen der Insel vor Ort in Rantum angepasst. Die Hände unterschiedlicher Berufszweige fertigen die Kunstwerke in der einzigen Sylter-Strandkorbmanufaktur an: Tischlermeister, Korbmacher, Polsterer, Maler und Lackierer.
Der hochwertige Sitzer hält etwa 20 Jahre, bleibt in der Regel aber nur die halbe Zeit in Obhut der Gemeinde. Selbst ausgemusterte Körbe sind dank kontinuierlicher Wartung, Reinigung und Ausbesserung robust, werden zum Kauf angeboten und in List sogar einmal jährlich versteigert. Ein Korb wiegt zwischen 70 und 80 Kilo, je nach verwendetem Holz. Durchnässt und versandet kann er über 100 Kilo auf die Waage bringen. Ein Strandkorbwärter muss also ordentlich Knööv (= Kraft) in den Armen haben. Strandkorbwärter sind übrigens diejenigen, die jeden Morgen für Ordnung am Strand sorgen und die Körbe nach Osten (zur Sonne hin) ausrichten. Ab Oktober, spätestens ab Mitte November überwintern die Körbe bis Ende März in Strandkorbhallen, wo sie von den Wärtern geprüft, repariert und instand gesetzt werden.

Bunte Wand in Westerland

„Huch! Habe ich mich verlaufen?" Das kann man geradezu denken, wenn man den Stranddistelweg in Westerland Richtung Sylt-Aquarium läuft. Hier stößt man auf eine künstlerisch besprühte Mauerwand, die einem das Gefühl gibt, in einem Berliner Szeneviertel, dem Mekka der Graffiti-Welt, zu stehen.

Die bunte Wand ist das Ergebnis des Graffiti-Projekts „Surf-Insel Sylt", eine Aktion, die im Jahr 2016 zusammen mit Sylter Kids initiiert und ein Jahr später im Auftrag des Insel-Sylt Tourismus-Service (ISTS) als Wandeigentümer fortgeführt wurde. Das Projekt lief unter der professionellen Leitung des Graffiti-Künstlers Oliver „Davis" Nebel, einem Hamburger Star-Sprayer, ausgebildetem Erzieher und Diplom-Grafik-Designer, der zusammen mit ein paar weiteren Sprayern für die künstlerischen Effekte auf der Wand sorgte. Nebst Palme sind vor allem typische Nordsee-Symbole zu sehen, grafisch neu interpretiert. Ein schiefer Leuchtturm, eine überdimensionale Riesen-Krabbe, ein grimmig blickender Piratenkopf, der einen nicht schaudern lässt, sondern mit seinem Smiley-Kopftuch zum Schmunzeln bringt. Sogar Fred Feuerstein und Nachbar Barney Geröllheimer haben sich daruntergemogelt. Yabba Dabba Doo!

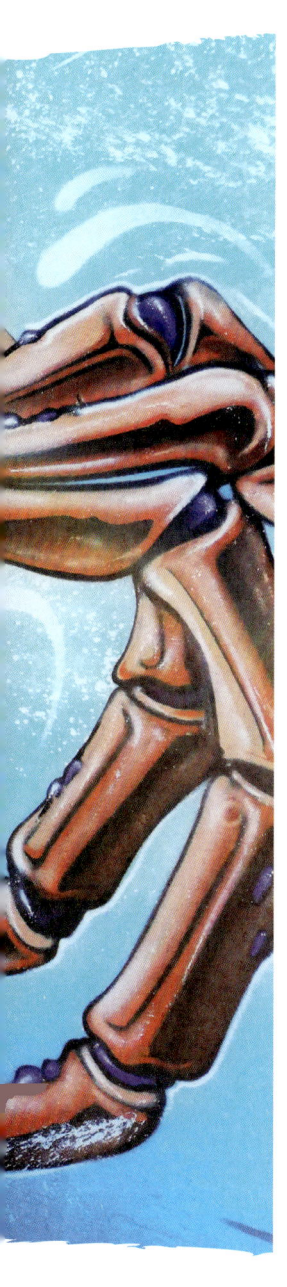

Ein Leuchtturm, der nicht nur leuchtet

Blitz, 2,58 Sekunden Pause, wieder ein Blitz, dann 5,58 Sekunden Pause. An der Taktung der Nachtkennung erkennt ein Seefahrer sofort, dass es sich um den Hörnumer Leuchtturm handelt. Seit Ende der 1970er Jahre wird der Turm über das Wasserstraßen- und Schifffahrtsamt (WSA) Tönning aus gesteuert. Bis 2013 gab es noch ein Unterfeuer, ein Richtfeuer, das dem Schiffsverkehr, – wenn das Licht mit dem des Turms genau übereinanderfällt – anzeigt, dass man sich in der Mitte des Fahrwassers befindet. Das Unterfeuer musste aufgrund verheerender Sandverluste durch Orkantief Christian (Oktober 2013) abgebaut werden, da es abzustürzen drohte. 2018 wurde es im Ortskern als Mahnmal für den Küstenschutz aufgestellt. Heute helfen GPS und Satellitennavigationssysteme bei der Positionsbestimmung, zusätzlich weisen Fahrwassertonnen die Richtung.

Im Inneren des 33 Meter hohen Turms gibt es einiges zu entdecken, u. a. eine alte Schule und ein Trauzimmer! Heiratswillige können sich seit 2003 im siebten „Himmels"-Geschoss das Jawort geben. Bekannt ist das über die Inselgrenzen hinaus. 2018 gab es hier über 170 Trauungen, darunter lediglich drei Sylter Paare. Herkunft der anderen Paare: deutsches Festland, Irland, Norwegen, Italien, Schweiz und Österreich. Möglich ist, dass die Zeremonie bei extremen Witterungsverhältnissen abgeblasen wird, sowohl bei Gewitter als auch bei übermäßiger Hitze: Der Turm besteht aus Gusseisen und ist im Sommer schon auf 40–45° C aufgeheizt. Viel trinken macht es nicht angenehmer, zumal es keine sanitären Anlagen gibt. Getraut wird natürlich trotzdem, es gibt ja noch ein Standesamt.

In den unteren Etagen hatte man in den Jahren 1914–1933 eine Schule eingerichtet. Viele Kinder gab es in Hörnum nicht zu unterrichten: etwa eine Handvoll. Überschaubar für den Lehrer, der täglich aus Tinnum kam. Im Frühjahr, Sommer und Herbst nutzte er zusammen mit den Badegästen die Inselbahn. Wenn im Winter der Bahnverkehr saisonbedingt ruhte, soll er sich mit einer von Muskelkraft betriebenen Eisenbahn-Draisine auf den Weg gemacht haben. Ein sportliches Unterfangen.

Restauration des Hörnumer Leuchtturms in schwindelerregender Höhe: Der 33 Meter hohe Turm liegt auf einer 17 Meter hohen Düne.

Populärer Irrtum!

Radeln verboten!

Seit 1927 ist die Insel Sylt durch den Hindenburgdamm mit dem Festland verbunden. Als einer der Ersten überquerte sein Namensgeber Reichspräsident Paul von Hindenburg (1847–1934) den Damm mit dem Zug. Er war zur Einweihung eingeladen. Beim Fest sollen Sylter Bürger auf die Idee gekommen sein, den Damm, der keinen speziellen Namen trug, nach ihm zu benennen. Die alte Namensgebung sorgt ab und an für öffentliche Diskussionen. Solange die Deutsche Bahn als Eigentümer keinen Grund für eine Namensänderung sieht, bleibt der inoffiziell vergebene Name offiziell bestehen.

Manch einer möchte den Damm per Pedes oder Drahtesel überqueren und sorgt für Schlagzeilen. So z. B. die Irrfahrt einer vierköpfigen französischen Familie im Juli 2017: Aufgrund einer Fehlleitung ihres Navigationsgerätes wollten die französischen Urlauber auf die Insel radeln. Dass sie ihre Räder dafür über ein geschlossenes Tor hieven mussten, hielt die Familie nicht davon ab, die Radtour über den Damm anzutreten.

Was sich wie eine nette Anekdote liest, kann fatale Folgen haben. Züge, die bei voller Fahrt mit bis zu 120 Stundenkilometer über die 11 Kilometer lange Strecke rattern, müssen aus Sicherheitsgründen langsamer fahren, Verspätungen sind die Folge. Die Regel ist klar: Weder zu Fuß noch mit dem Rad darf man den Hindenburgdamm überqueren. Tut man es, greift die Bundespolizei ein, um die Ordnungswidrigen von der Trasse zu fischen. Wird man von der Deutschen Bahn in Regress genommen, kann es teuer werden. Abwegig ist die Idee allerdings nicht: Erst zwei Jahre zuvor startete der Berliner Publizist und Diplom-Psychologe Andreas Jüttemann eine Online-Petition im schleswig-holsteinischen Landtag und forderte einen Radweg nach Sylt. 2016 wurde das Thema von der Piraten-Partei aufgegriffen. Ein klares Nein kam vonseiten des Verkehrsministers: Schutz für vom Wege abkommende oder gar ins Wasser stürzende Radfahrer sei nicht gegeben. Zudem könnte man von aus dem Zug geworfenen Gegenständen verletzt werden. Radelnde und spazierende Menschen sind außerdem ein zusätzlicher Störfaktor für die Tierwelt.

Per Wurfgeschoss auf die Insel

Mit dem Video „Catapult Air. Im hohen Bogen nach Sylt" machte die Sylt Marketing GmbH (SMG) aufmerksam auf die Missstände der Bahn: Teile der Bahnstrecke zwischen Niebüll und Sylt, über die alle 5 bis 10 Minuten ein Zug fährt, sind seit 1927 unverändert eingleisig. Kleinste Störungen bringen den Fahrplan komplett durcheinander. Es kommt nicht nur zu verheerenden Verspätungen, sondern auch zu Zugausfällen.

Ticketkontrolle bei der fiktiven Fluglinie „Catapult Air".

Vorbereitung für den Flug auf die Insel

Ein erheblicher Schaden für Berufspendler, die auf der Insel arbeiten, frustrierend für Inselgäste. Die Angst vor größeren Einbußen innerhalb der Tourismusbranche bleibt nicht aus. Geschäfte können nicht zeitig öffnen, da Mitarbeiter noch im Zug feststecken, Arzthelfer fehlen oder kommen zu spät, Mitarbeiter kündigen, Neueinstellungen gestalten sich schwierig.
Ist „Catapult Air" die Lösung? Eine fiktive Sylter Fluglinie befördert Reisende per Wurfgeschoss auf die Insel. Das Video der SMG ist ein Teaser zur Teilnahme an einer Online-Petition: Man will Unterschriften für den zweigleisigen Ausbau der Marschbahn sammeln, um politische Relevanz zu erzielen.
September 2018: Die Petition ist beendet. Ergebnis: 42.876 Unterschriften von Pendlern und Gästen. Auswertungen zufolge beteiligte sich jeder dritte Sylter, etwa ein Viertel der Unterschriften kam aus dem Kreis Nordfriesland, fast zwei Drittel von außerhalb Schleswig-Holsteins.
November 2018: Bundesverkehrsminister Andreas Scheuer stuft die Forderung um den zweigleisigen Ausbau der Marschbahn zwischen Niebüll und Klanxbüll in den sogenannten „vordringlichen Bedarf" hoch (auch die Strecke zwischen Tinnum und Morsum sowie die Autoverladung sind im Plan erfasst). Die Finanzierung ist gesichert, mit 221 Millionen Euro: ein voller Erfolg dank eines ausgeklügelten Marketing-Clips! Bis 2030 soll das zweite Bahngleis errichtet werden.

Der DIY-Weihnachtsbaum

Im 17. und 18. Jahrhundert gewann der aus heidnischen Zeiten stammende Weihnachtsbaum-Kult unter gut betuchten Stadtbürgern an Popularität, entwickelte sich zum Volksbrauch bis zur Weihnachts(baum)industrie. Mit dem aufkommenden Tourismus (im 19. und 20. Jahrhundert) wurden auch auf die nahezu baumlose Insel Sylt Tannenbäume verschifft. Für viele Inselbewohner waren diese jedoch zu kostspielig. Kein Grund, sich nicht selbst einen Weihnachtsbaum zu werkeln, den sogenannten Jöölboom.

Auf den nahe gelegenen Inseln Föhr und Amrum gab es dasselbe Konstrukt unter dem Namen *Kenkenbuum:* Man suchte praktikables Grün zusammen (Efeu, Buchsbaum, Ilex/Stechpalme), fertigte ein Holzgestell an, befestigte das Grün kranzartig daran und hängte Salzteigfiguren hinein. Kerzen kamen erst dazu, als sich der Brauch des Adventskranzes durchsetzte.
Das stilvolle Kunstwerk ist symbolträchtig: Immergrünes Laub steht für Hoffnung auf ein gutes, ewiges Leben oder die Vorfreude auf den Frühling. Unter den als *Kenkentjüch* bezeichneten Figuren befinden sich in der Regel: ein Hahn für Wachsamkeit, ein Hund für Treue, ein Pferd für Kraft und Ausdauer, Adam und Eva mit Schlange (am Lebensbaum der Erkenntnis), Äpfel für Fruchtbarkeit. An manchem Jöölboom sieht man auch Mühle und Schiff oder Fisch für Seefahrt und Landwirtschaft.
Für *Jööl* gibt es verschiedene Ansätze. Im Norwegischen steht *Jul* für Weihnachten. Denkbar ist auch die Ableitung des skandinavischen Wortes *Hjul*, was Rad bedeutet. Bildlich: der gesteckte Kranz als Zeit-Symbol für die Wintersonnenwende.

Inselnachbarn

Kennen Sie eigentlich schon RALF? Die Frage zielt nicht auf eine Urlaubsbekanntschaft ab. **RALF** ist kein Inselbewohner. **RALF** ist eine Regel, die es nur auf Sylt gibt.

Wenn man an der Südspitze der Insel am Strand steht und das Wetter klar ist, kann man in der Ferne zwei Inselnachbarn ausmachen: Amrum und Föhr. Aber welche Insel ist Amrum und welche ist Föhr?
Hier hilft **RALF**: Die **RALF**-Regel ist offensichtlich eine echte Hörnumer Weisheit. Wann sie geboren wurde, weiß wohl niemand so genau. Aber am Strand gibt es einen bunten Wegweiser, der tatsächlich den Impuls für die Regel gegeben haben könnte: **R**echts **A**mrum. **L**inks **F**öhr. Einmal gesehen, vergisst man das so schnell nicht wieder ...
In Abhängigkeit der Gezeiten ist es sogar möglich, mit einem ausgebildeten Guide zwischen Amrum und Föhr einen „Spaziergang" zu machen:
Die Inseln sind nämlich, Sylt inklusive, Teil des UNESCO Weltnaturerbes Wattenmeer. So eine Wattwanderung unter der Leitung eines ortskundigen und erfahrenen Führers zwischen Amrum und Föhr ist eine gute Gelegenheit, einige der hundert Arten von Algen, Schnecken, Würmern und Muscheln, die in Schlick und Sand des Nationalparks Wattenmeer leben, kennenzulernen. Das Wattenmeer gilt nämlich als einer der produktivsten Lebensräume der Erde – und ist abwechslungsreicher, als man gemeinhin erwartet.

Die Mär vom gemütlichen Friesenhaus

„Historische Friesenhäuser schauen richtig schnuckelig aus. Innen muss es einfach urgemütlich sein." Die Vorstellung vom lauschigen Wohlfühl-Friesenhaus ist weit verbreitet, vor allem, wenn man moderne, zum Teil unterkellerte Hightech-Friesenhäuser sieht, ausgestattet mit Zentralheizung und Sauna. Authentisch ist das allerdings nicht. Selbst die Häuser, die aus dem Reichtum der Walfängerzeit hervorgingen, waren bei Weitem nicht so komfortabel wie die heutigen Neubauten.
Das Altfriesische Haus in Keitum steht exemplarisch für die Wohnkultur wohlhabender Sylter des 18. und 19. Jahrhunderts. Seit 1908 unterhält der Sylter Kulturverein Söring Foriining das Haus als Museum. Zuvor war es über viele Generationen hinweg in Besitz vermögender Kapitäne der Seefahrerfamilie des Peter Uwen (1701–1743). Nachdem der letzte Erbe nicht zur See, sondern zum Jurastudium nach Hamburg ging, kaufte und bewohnte es der Lehrer und Heimatforscher Christian Peter Hansen (1803–1879). Dank seiner Sammelleidenschaft gewährt die Einrichtung des Hauses tiefe Einblicke in das Leben der alten Kapitänsfamilien. Vor allem in der dunklen Jahreszeit versuchte man mit selbst gemachten Kerzen und Waltranlampen („Tranfunzeln"), die dunklen Räume mit den kleinen Fenstern zu beleuchten. Die trüben Leuchtmittel brachten kaum Licht, also ging man schon früh ins (Schrank-)Bett *(Alkoven)*. Das war nicht wirklich luxuriös: Aufgrund der Enge und Kürze des Alkovens, in dem zwei erwachsene Personen halbsitzend oder bis zu vier Kinder (auf Stroh und jeder Menge Kissen) schlafen konnten, war es je nach Witterung zugig oder recht stickig. Das morgendliche Aufstehen aus dem Alkoven setzte eine gewisse Geschicklichkeit voraus, ob steif durch die nächtliche Kälte oder durch die beschränkte Bewegungsmöglichkeit. Zur

Not behalf man sich mit einem an der Decke befestigten Bettband, ähnlich einer Triangel für Bettgalgen bei Krankenhausbetten. Für damalige Zeiten eine ausgeklügelt komfortable Technik, im Zeitalter von Wasser- oder Boxspringbetten geradezu unvorstellbar!

Schrankbett *(Alkoven)* mit Bettband
Wohnstube *(Kööv)*

Wenn der Friese friert

Fußwärmer *(Feuerkieke)*

An der stürmischen Nordsee kann es ganz schön kalt werden. Aber wie behalfen sich die Insulaner bis Heizungen üblich wurden? Im Museum Altfriesisches Haus in Keitum kann eine vage Vorstellung dafür entwickelt werden, wie man sich früher mit eisigen Temperaturen arrangierte. Frieren müssen Sie hier nicht, denn die Räume sind auch im Winter inzwischen beheizt. Die Inneneinrichtung des alten Kapitänshauses lässt jedoch Rückschlüsse auf die Heizkultur (nicht nur) vermögender Familien im 18. und 19. Jahrhundert zu.

Es gab zwei beheizbare Räume, in denen sich auch das Alltagsleben der Bewohner abspielte: die Wohnstube (*Kööv,* auch *Döns*) zum Schlafen, Spinnen oder Schreiben und die Küche (*Kööken*) zum Kochen und Essen. Die Stube wurde mit einem Beilegeofen (*Bilegger*) von der Küche aus durch die Wand befeuert, der Rauch über einen Schornstein abgeleitet. Verbrannt wurde getrockneter Schafsdung, Heidekraut, Treibholz und andere brauchbare Materialien, die das Meer anspülte (Sylt war seinerzeit nahezu baumlos). Bilegger wohlsituierter Sylter verfügten über abschraubbare Messingknöpfe zum Wärmen der Hände oder eine abnehmbare Messinghaube zum Warmhalten von Speisen und Getränken.

Die gute, unbeheizte (Kapitäns-)Stube (*Pesel* oder *Piisel*), auch als „Kalte Pracht" bezeichnet, war reich ausgestattet mit exquisiten Mitbringseln aus Messing oder Kupfer (Samoware, Messingleuchter) und Porzellan (niederländische Delfter Kacheln, Geschirr) – ein Repräsentationsraum, der hauptsächlich für kirchliche und familiäre Feiern genutzt wurde. Hier behalf man sich mit einem Fußwärmer (*Feuerkieke*) unter dem Tisch. Befüllt wurde er über eine Türe mit heißen Steinen oder glühender Holzkohle.

Zum Vorwärmen des feuchtkalten Schrankbettes (*Alkoven*) befüllte man eine Bettpfanne – eine Art Vorläufer der Wärmflasche – mit heißem Sand. Bloß kuscheln konnte man mit der kupfernen Pfanne nicht. Außerdem stopfte man sämtliche Ritzen im Haus und im Alkoven mit Schafswolle zu, auch zum Schutz vor Mäusen. Brr!

Bettpfanne zum Vorwärmen des Schrankbettes *(Alkovens)*

Aha

EXTRA

Es war einmal …

Sylt ist eine Insel der Sagen. Jeder Einheimische kennt eine Sage, zumindest eine Figur oder einen Ort, der mit einer Sage verbunden ist. Einen hauptberuflichen Sylter Sagenerzähler gibt es nicht, wohl aber eine hauptberufliche Märchenerzählerin: Linde Knoch.

Seit 1984 geht sie Märchen auf den Grund und gibt sie weiter. Mittlerweile sind über 216 Märchen in ihrem Repertoire. Die ursprünglich aus Mecklenburg-Vorpommern stammende Knoch lebt seit 1991 auf der Insel.
Mit der Berufung als Märchenerzählerin stellte sich Linde Knoch auf der Sagen-Insel Sylt einer ganz besonderen Herausforderung: Märchen als überlieferte Erzählungen unterliegen einer symbolträchtigen

Bildersprache. Sagen jedoch leben von Bezügen zu realen Personen, Orten und Ereignissen, erwecken die Vorstellung einer wahren Begebenheit. Hinzu kommt, speziell bei Sylt, der Einfluss des konfessionellen Hintergrundes, denn die Insel ist mehrheitlich evangelisch geprägt. Wo die katholische Lehre einerseits eine bildhafte Sprache pflegt (Symbolbilder: Himmel, Hölle, Fegefeuer, Paradies), beruht die Sprache in evangelischen Gottesdiensten mehr auf dem Gedanklichen.

Offenbar keine unüberwindbare Hürde für Linde Knoch! Was aber ist der Auslöser, dass sich gar eine Fangemeinde um Linde Knoch gebildet hat? Nun, bildhaftes Erzählen, so Linde Knoch, wie man immer schon Kindern Märchen erzählte, hat es schon in der frühen Menschheitsgeschichte gegeben. Ein Urinteresse wird geweckt, es berührt die Seele, und bei Erwachsenen führt das oft zur Selbstreflexion – ein hochaktuelles Thema: Der Selbstbezug geht gerade in unserer schnelllebigen Zeit mit Hunderten von E-Mails, Facebook, Instagram und WhatsApp-Nachrichten im Erwartungsstrom anderer schnell verloren, ohne dass man es selbst bemerkt. Märchen können „erden".

Seit 1990 ist Linde Knoch Seminarleiterin der Europäischen Märchengesellschaft (EMG) und gibt seit über 30 Jahren Seminare zum Märchenerzählen, Märchenerfahren und zu Märchenkunde bis über die Inselgrenzen hinaus. 2016 wurde Märchenerzählen in die bundesweite Liste des Immateriellen Kulturerbes der UNESCO-Kommission aufgenommen.

Ach, wie gut, dass niemand weiß, wie ich heiß! Rumpelstilzchen? Ekke Nekkepenn!

Die Sylter Sagenwelt prägt seit jeher das Wesen der Insel und seiner Bewohner. Dank der Verschriftlichung des Insel-Chronisten Christian Peter Hansen (1803–1879) fand sie auch den Weg aufs Festland. Was viele jedoch nicht wissen: Selbst Hansen griff für eine seiner bis heute populärsten Sagen offenbar auf den Stoff des Grimm'schen Märchens Rumpelstilzchen zurück.

In der Sylter Sage um den Meermann Ekke Nekkepenn bittet jener einen Schiffer um Hilfe: Seine Frau soll Ekke Nekkepenns Frau Rahn bei der Geburt ihres gemeinsamen Kindes helfen. Gesagt, getan. In den nachfolgenden Jahren geht dem Meermann die wunderschöne Schiffersfrau nicht mehr aus dem Kopf. Als seine Frau Rahn alt und faltig wird, macht er sich auf den Weg nach Rantum zur Brautschau. Dabei verwechselt er die Schiffersfrau mit ihrer hübschen Tochter Inge. Gegen ihren Willen steckt er ihr einen Ring an mit der entschiedenen Absicht, sie zu heiraten. Inge fleht um

Lossprechung. Daraufhin gewährt der Meermann ihr die Chance auf Freiheit, falls sie seinen Namen herausfindet. Übermütig singt der Meermann des Abends: „ ... übermorgen will ich Hochzeit machen. Ich heiße Ekke Nekkepenn, meine Braut ist Inge von Rantum. Und das weiß niemand als ich allein." Inge, die verzweifelt in unmittelbarer Nähe umhergeht, vernimmt den Gesang, ruft dem Meermann seinen Namen zu und ist frei. Seitdem schickt Ekke Nekkepenn schwere Stürme auf die Insel Sylt und bringt Schiffe zum Kentern. Die Geschichte von Ekke Nekkepenn und Inge von Rantum gilt zwar als Sylter Sage mit einer konkreten Verortung in Rantum, kann aber ebenso als das „lebendigste Märchen" auf Sylt gesehen werden. Ekke Nekkepenn übernimmt wie Rumpelstilzchen das Märchen-Motiv des Namenratens. Wenn ich den Namen eines Wesens weiß, habe ich Macht über dieses. Das ist ein uraltes, kulturübergreifendes Motiv: die Bipolarität von Gut und Böse, Macht und Gehorsam. Es ist eine Grunderfahrung, die allen Menschen gemein ist und kulturübergreifend tradiert wird. Bis hinein in die Sylter Sagenwelt.

Sagenhafte Insel

Sylts Sagenreichtum ist dem Insel-Chronisten, Lehrer und Heimatforscher Christian Peter Hansen (1803–1879) zu verdanken: Eifrig sammelte er sämtliche Sylter Sagen und publizierte 1858 das Buch „Friesische Sagen und Erzählungen. Die Hörnumer. Sagen und Erzählungen der Strand- und Dünenbewohner so wie der Haidebewohner auf Sylt".

Über Kontakte zu anderen Schriftstellern und Lyrikern wie z. B. Theodor Storm (1817–1888) gelangten seine Sagen schon früh aufs Festland, wie ein Briefwechsel mit Storm belegt.

Eine der bekanntesten Sagenhelden Sylts ist die Figur des Fischers Pidder Lüng, bekannt auch durch die Ballade nach Detlev von Liliencron (1844–1909). Mit Pidder Lüng verbindet man auch den friesischen Wahlspruch „Lewwer duad üs Slaav" (Lieber tot als Sklave), der Freiheitsdrang und Widerstand zugleich ausdrückt. Der Sage nach kam es zu einem Wortgefecht mit einem dänischen Steuereintreiber, welcher herablassend in den Kochtopf mit Grünkohl spuckte, als die Familie zu Tisch saß. Pidder Lüng drückte daraufhin das Gesicht des Amtmannes in den Kohltopf, bis dieser darin ertrank. Dabei soll Pidder Lüng gerufen haben „Lewwer duad üs Slaav!". Als er nach Jahren der Flucht schließlich nach Sylt zurückkehrte, wurde er gefasst und zu Tode verurteilt. Ein trauriges Ende, dessen Motiv jedoch ewig lebendig bleibt: ein unerschrockener, um Freiheit kämpfender Sylter, symbolisiert durch Pidder Lüng.

Porträt C. P. Hansen, um 1870

Gur Dai altermaal!

Guten Tag alle zusammen! Schon mal jemanden Sölring (= Sylter Friesisch) auf Söl (= Sylt) snaki (= sprechen) gehört? Nein? Klingt fast wie ein Mix aus Plattdeutsch, Holländisch und Dänisch.

Das ist es aber bei Weitem nicht, denn Sölring ist eine eigene Sprache, die sich innerhalb des Friesischen stark abgrenzt: Eine klare Unterhaltung auf Sölring wäre beispielsweise mit einem Halunder sprechenden Friesen der Insel Helgoland nicht ohne Weiteres möglich.

Nur selten noch hört man Sölring auf Sylt, man ist jedoch aktiv dabei, dem Aussterben der Sprache entgegenzusteuern: Der Kulturverein Sölring Foriining bietet Sprachkurse für Erwachsene an, die Grundschulen unterrichten Friesisch als Wahlfach und die Kindergärten vermitteln die Sprache auf spielerische Weise. Sicherlich eine natürliche Entwicklung von Sprachen (und auch Dialekten) im Zuge von Internationalisierung und zunehmendem Fremdenverkehr. Insbesondere für Sylt ist es beachtlich, dass trotz des alljährlichen Besucherstroms die ureigene Sprache immer noch lebendig ist. Sprache ist ein wertvoller Träger von Tradition, sie spiegelt immer ein Stück weit den kultureigenen Charakter wider.

Beim traditionellen Biikebrennen im Februar jeden Jahres wird Sölring beispielsweise gesprochen und sogar gesungen. Sobald die Feuer entfacht sind wird gemeinsam zum Lied angestimmt: „Üüs Söl'ring Lön" („Unser Sylter Land" siehe Seite 88).

Boule und Buddha

Die „Sylter Bouletten" haben schon früh erkannt, dass sich das grüne Versteck mit Seerosenteich nebst Hügelgrab, einem Ehrenmal für Kriegsgefallene und Vermisste aus dem Ersten und Zweiten Weltkrieg, als Treffpunkt für eine Pétanque-Spielgemeinschaft eignet. Seit 2009 treffen sich die Spieler dort regelmäßig auf einem von Grün geschützten Platz zum Boulespielen. Im selben Jahr wurde der Park, der Teil des Kampener Kunst- und Kulturpfades ist, auf den Namen Avenarius getauft, um dem Ehrenbürger Kampens ein Denkmal zu setzen.

1876 kam Ferdinand Ernst Albert Avenarius (1856–1923), Schriftsteller und Herausgeber der 1887 gegründeten Zeitschrift „Der Kunstwart", zum ersten Mal nach Sylt. Zutiefst berührt und fasziniert von der Natur der Insel setzte sich Avenarius intensiv für den Naturschutz ein. Zusammen mit weiteren Naturschützern, darunter Knud Ahlborn (Begründer der Volkshochschule Klappholttal, der heutigen Akademie am Meer), ging er gegen die bauliche Zerstörung der Landschaft um Kampen vor. Die Naturschützer schafften es auch, die Abtragung des Morsum Kliffs für den Bau des Hindenburgdamms abzuwenden.
1903 ließ Avenarius in Kampen eine Villa errichten, in die er viele Künstler einlud und dadurch wesentlich zur Förderung der Kampener Kunstszene beitrug. Unter seinen Gästen waren viele Gleichgesinnte, beispielsweise der Schweizer Schriftsteller Max Frisch (1911–1991) oder der österreichische Autor Stefan Zweig (1881–1942). Avenarius starb 1923 in Kampen und wurde in Keitum beigesetzt.
Von außen eher unscheinbar, von innen ein beschaulicher Park, der historische und gegenwärtige Geschichten erzählt. Seit September 2019 ruht eine Buddha-Statue im Avenarius-Park, sitzend auf einem Lotus: ein Symbol für Freiheit und Lebensfreude. Angefertigt wurde die Skulptur vom österreichischen Bildhauer Rudolf Hirt im Auftrag des Buddhistischen Zentrums Sylt (buddhaaufsylt.de). Ein Grund mehr, den geruhsamen Park aufzusuchen.

Wenn der kleine Hunger kommt: Wat(t) zum Essen

Es ist schon sensationell, was das Nordsee-Watt zu bieten hat. Im schleswig-holsteinischen Brunsbüttel gibt es einen Töpfermeister, der Keramikpötte aus dem Schlick des Meeressumpfes herstellt. Und auf Sylt sinken regelmäßig Urlauber bei Wattwanderungen bis zum Knie in der Masse des Meeresbodens ein, meistens um die berühmten „Small-Five" kennenzulernen: Wattschnecke, Wattwurm, Herzmuschel, Strandkrabbe und Nordseegarnele. Mit Letzterem werden die beliebten Krabbenbrötchen garniert – gepult und gekocht natürlich.

Außer diesem tierischen Gedöns und der grauen Schlick-Matschepampe hat das Watt noch mehr zu bieten, nämlich gesundes Grünzeug zum Essen. Gemeint ist keine Algenart, auch wenn Sylts Küste reichlich essbaren Meeressalat zu bieten hat. Es geht um Queller, ein blattloses Gewächs, das von April bis Oktober geerntet werden kann. Die knackige, dickfleischige Salzpflanze wächst am Flutsaum des Watts und wird des Öfteren mit Algen oder sonstigem Meeresgestrüpp verwechselt.
Der Meeresspargel, wie das Meeresgemüse auch genannt wird, lagert das Salz im Pflanzenkörper in einer Art Depot ein. Je später man ihn erntet, desto salziger und bissfester wird er. Was Gourmetköche schon längst erkannt haben, entdecken zunehmend auch Hobbyköche für sich: Je nach Verwendung von Queller kann man Salz zum Würzen reduzieren oder gänzlich einsparen. Genießen kann man ihn roh mit Salat und Kräutern, angebraten, blanchiert oder als Topping für Suppe.
Gesund ist er obendrein: Ähnlich wie Algen bietet die Pflanze gut verfügbares Jod, Kalium, Kalzium, Magnesium und Natrium. Außerdem wird ihm eine harntreibende und blutreinigende Wirkung nachgesagt. Einfach mal eine Kostprobe am Watt nehmen. Geht meistens auch ohne Gummistiefel und ohne zu versumpfen, da Queller oft schon am Uferbereich zu finden sind.

Geheimnisvolle Strandfunde

Überall diese gelblichen Plastikknubbel am Strand. Sind das etwa Reste der Kunststoff-Abschwemmungen einer Köln-Wesselinger Chemiefirma aus 2017? Starkregen soll damals dafür gesorgt haben, dass Unmengen an Plastikkügelchen bis in die Nordsee abgedriftet sind. Oder ist das etwas Tierisches? Die gelben Dinger sind alle ausgehöhlt. Rätselhaft.

Ein Klick auf das BeachExplorer-Portal der Schutzstation Wattenmeer Husum (beachexplorer.org) hilft weiter: Nein, kein Plastik! Es handelt sich um die Eiklumpen der Wellhornschnecke (*Buccinum undatum*). Wellhornschnecken haben kein ruhiges Leben an der Nordsee. Wenn das Watt trocken fällt, müssen sie sich beeilen, ins Meer zu kriechen, da sie ein Leckerbissen für Möwen sind. Die Schnecken sind allerdings auch mörderisch drauf: Nachdem die Wellhornschnecke ihr eigenes Gehäuse in die Spaltöffnung einer Herzmuschel gerammt hat (und diese nicht mehr schließen kann), frisst sie die Muschel einfach leer.

Und der lila Glibber? Auch hier hilft der BeachExplorer: Es ist eine klitzekleine Blaue Nesselqualle (*Cyanea lamarckii*). An der Unterseite ihres Schirms hat sie Tentakeln, mit denen sie ihre Nahrung betäubt und zum Mund führt. Hochgiftig ist sie nicht, allerdings kann es bei Berührung zu Hautirritationen kommen. Essig soll Linderung verschaffen.

Insel in Bewegung

Jedes Jahr wandern fastende Menschen durch Deutschland und verzichten zeitweise auf feste Nahrung. Manchmal laufen sie bis zu 100 Kilometer in mehreren Etappen und Tagen. Motive: Pfunde verlieren, geistig und mental neu ausrichten, neue Energie sammeln. Dank des Reizklimas ist die Nordsee heiß begehrtes Ziel. Sylt erst recht, ist Westerland doch seit 1948 offiziell anerkanntes Nordseeheilbad.

Einen anderen Fokus setzt der Trendsport „Megamarsch". Bei dieser Herausforderung wandert man 100 Kilometer in unter (!) 24 Stunden am Stück durch die Nacht in den Sonnenaufgang hinein. Streckenmäßig ist Sylt trotz seines Inseldaseins geradezu prädestiniert für den Wahnsinnsmarsch, der

Dünenwanderung

ursprünglich nur deutsche Großstädte umfasste. Denn: Einmal um Sylt herum gewandert, kommt man auf 100 Kilometer. Der erste Sylter Megamarsch fand im Oktober 2018 bei durchschnittlich 5 bis 6° C und Windstärken von bis zu 74 Stundenkilometern statt. Nichtsdestotrotz erreichten von 333 Wanderern mehr als 70 Prozent das Ziel! Eine wahre Leistung, aber nichts für jedermann. Man muss schon gut trainiert sein, um das zu schaffen.

Eine „gangbare" Alternative ist der Sightseeing Run von Gabriele Pechiny in List. Joggend erkundet man in 1,5 bis 2 Stunden mit der Gesundheitstrainerin den Sylter Norden und erfährt auf einer Strecke von 10 bis 12 Kilometern allerhand über historische Bauten, Geschichte, die aktuelle Dorfentwicklung, Persönlichkeiten aus Kunst, Kultur und Politik. Zügig, aber mit Geh- und Stehpausen läuft man über asphaltierte Straßen durch die wunderschöne Heidelandschaft. Besonders imposant sind versteckte Winkel wie der kleine, verwilderte Park namens „Urwald" mit seinen urwüchsigen Pappeln, Erlen und Brombeersträuchern. Allein über den Luftschutzbunker, der direkt an dem Wäldchen steht, weiß Gabi etliche Storys zu erzählen. Bloß bei Windstärke 8 läuft die gebürtige Berlinerin nie. „Und auch nicht, wenn es Hunde regnet!"

Sportliche Ortsführung in List

Lister Urwald, im Hintergrund der Luftschutzbunker

Die Unvollendete

Eine Kirche erkennt man am Turm. Ach ja? Mitten in Morsum steht der Gegenbeweis: eine Kirche ohne Turm. Oder besser: ohne massiven Turm.

Diese Tatsache ist historisch begründet: Armut zwang einst die Gemeinde von Morsumer Fischern, Seeleuten und Bauern, die Größe des Baus auf ein Mindestmaß zu beschränken und auf einen Kirchturm zu verzichten. Doch wenn man genauer hinschaut, entdeckt man westlich hinter der Kirche den später errichteten, sogenannten Glockenstapel, einen nicht fest mit der Kirche verbauten Turm, in dem die Glocke hängt. Die aus dem Jahr 1767 stammende Glocke von St. Martin wird übrigens bis heute von Hand geläutet.
St. Martin zu Morsum ist die kleinste Kirche der Insel – und zugleich eine der ältesten erhaltenen. Viele andere Kirchen auf der Insel fielen Sturmfluten zum Opfer oder mussten dem Flugsand der Wanderdünen weichen.
Die romanische Kirche wurde aus Granitquadern, Tuffstein (Chor und Apsis) und Backstein (Kirchenschiff) erbaut, was als typisch für nordfriesische Inselkirchen gilt. Man vermutet, dass St. Martin im letzten Drittel des 12. Jahrhunderts erbaut wurde. Bemerkenswert ist auch der spätgotische Flügelaltar: Hier ist nicht wie üblich der auferstandene Christus zu sehen, sondern eine Pietà: Gottvater trägt seinen toten Sohn. Seitlich sieht man die Bischöfe St. Severin (rechts) und St. Martin (links). Die Seitenflügel des Altars nehmen die Figuren der zwölf Apostel auf.
Sylt hat noch mehr besondere Kirchen zu bieten: St. Peter in Rantum trägt als einzige Kirche auf der Insel ein Reetdach, St. Severin in Keitum gilt als ältester Sakralbau in Schleswig-Holstein.

Aha

Weißes Gold

Salz wird zuhauf verzehrt als risikoreiches Lebensmittel eingestuft (Wassereinlagerungen, Risiko für Bluthochdruck oder Herz-Kreislauf-Erkrankungen). Doch zu wenig Salz ist auch nicht gut. Gerade bei saunaartigen Temperaturen oder Aktivitäten, die mit starkem Schwitzen verbunden sind, geht Salz über den Körper verloren.

Die Pflanzen der Sylter Salzwiesen machen es vollkommen richtig: Die Portulak-Keilmelde (Strand-Salzmelde) beispielsweise scheidet ein Zuviel an Salz über feine Härchen an der Blattoberfläche aus. Haben die Härchen übermäßig Salz aufgenommen, brechen sie auf oder fallen ab. Nebst salzigen Wiesen liebt die Pflanze sandige Böden und blüht etwa von Juni/Juli bis September/Oktober. Die Blättchen können roh geknabbert, über Salat und Suppe gestreut oder gekocht werden. Geschmacklich einzuordnen zwischen salzig-mild bis hin zu leicht gurkig-spinatig. Eine gute pflanzliche Alternative zum „weißen Gold". Auch Queller ist ein guter Salzersatz!
Last, but not least: Bei Atem- und Hautproblemen ist die tägliche Strandwanderung nicht zu verachten. Gerade dem Sylter Meeresaerosol, dem feinen salzigen Sprühnebel, sagt man heilende Wirkung nach. Das tiefe Ein- und Ausatmen direkt am Flutsaum kann sich positiv auf (allergische) Atemwegserkrankungen wie Asthma auswirken und mitunter eine Nasenspülung ersetzen.

Rosa rugosa

In der sommerlichen Blütezeit verteilt die famose Rose mit den vielen Namen einen herrlichen Duft auf der Insel. Die robuste, frostfeste Pflanze dient mit ihrem dichten Wurzelwerk als Dünenbefestigung, dekorativer Sicht- und Windschutz in Vorgärten und am Wegesrand. Aufgrund der Ähnlichkeit ihrer Blätter mit denen der Kartoffelpflanze nennt man sie auch Kartoffel-Rose, wegen der runzeligen Blätter Runzel-Rose.

Auf Sylt heißt sie in erster Linie Sylt-Rose, denn hier ist sie überall zu finden von der Odde im Süden bis zum Ellenbogen im Norden. Leider verdrängt die invasive Pflanze heimische Arten. So begrüßt man es, dass die Rose Lieblings-

mahlzeit der Heidschnucken ist. Einig ist man sich über die Herkunft der Rosa rugosa: Ostasien. Daher auch die Bezeichnung Kamtschatka-Rose. Im Zweiten Weltkrieg versuchte man die Rose als Bunker-Tarnung einzusetzen, weshalb auch der Name Bunker- oder Hitler-Rose kursiert.

Uneins ist man sich darüber, wie die Pflanze auf die Insel kam. Vielleicht über Seefahrer, wahrscheinlich ist aber auch, dass die Samen durch Ausscheidungen von Zugvögeln „eingestreut" wurden. Die schlauen Vögel wissen sowohl Geschmack als auch Nährwert zu schätzen. Sie fressen die Hagebutten, die Fruchtkapseln, die sich aus den Blüten bilden, und scheiden sie unverdaut wieder aus. Der Vitamin-C-Gehalt der Hagebutten ist hoch und übertrifft den von Zitronen, Orangen oder Sanddorn. Außerdem stecken in den Früchten Provitamin A, B-Vitamine und Mineralstoffe wie Magnesium und Eisen. Ein klasse Immun-Booster also. Aus den Hagebutten lassen sich Köstlichkeiten wie Fruchtaufstrich, Sirup oder Likör herstellen. Getrocknet kann man sie knabbern, als Tee oder in Salz- und Kräutermischungen genießen. Mit den essbaren weißen und pinkfarbenen Blüten lassen sich Salate oder Cocktails aufhübschen und aromatisieren.

Der Mantel des Gewissens

Bereits vor Christi Geburt diente das Gelände um St. Severin vermutlich als Kultplatz zur Verehrung von Göttern. Allein der Friedhof am Meer neben dem Keitumer Gotteshaus regt an innezuhalten, über Leben und Tod, Hier und Jetzt nachzudenken. Vielleicht fügen sich die gestifteten Kunstskulpturen, die um den Kirchplatz herum aufgestellt sind, deshalb so gut in das Gesamtbild ein. Etliche der Objekte wurden in Keitum angefertigt.

Eine Plastik sticht hervor, obwohl (oder gerade weil) sie leicht versteckt im Grün zwischen dem Eingang zur Munkmarscher Chausee und Kirche positioniert ist. Die populäre Figur der tschechischen Künstlerin Anna Chromy (geb. 1940) ist nebst St. Severin auf Sylt an vielen anderen Orten zu finden, etwa vor dem Salzburger Dom, dem Ständetheater in Prag oder dem Chinesischen Nationalmuseum in Peking. Bekannt ist die Skulptur „The Cloak" auch unter den Namen „Cloak of Conscience" (engl. Mantel des Gewissens), „Il Commendatore" (ital. Komtur) sowie „Pietà" (ital. Mitleid, Andächtigkeit).
Inhaltlich zielt die Künstlerin auf ein und dasselbe ab: Bewusstsein, Barmherzigkeit, Toleranz und Frieden über alle Religionen hinweg. Anna Chromy symbolisiert dies durch den ärmellosen Mantel. Es ist eines der ältesten Bekleidungsstücke und findet sich in sämtlichen Kulturen wieder. Mehr zur Künstlerin und ihrem Werk gibt es hier: annachromy.com/the-cloak

Kunstskulptur, St. Severin, Keitum

Mit der Skulptur „The Cloak" setzt Anna Chromy weltweit Zeichen. Noch in Planung (Stand 02/2020) ist eine Installation in Fukushima (Japan). Mit Blick auf das Reaktorunglück im Jahr 2011 soll auf nukleare Gefahren und die Diskussion um Erneuerbare Energien aufmerksam gemacht werden (annachromy.com/the-cloak/fukushima).

Zugang zum Meer: kostenlos

Nein. Nicht wirklich. Wer an den Strand möchte, muss bezahlen. Die Abgabe an den Strandübergängen ist für jeden Sylt-Besucher verpflichtend. Übrigens nicht nur auf Sylt, sondern auch an anderen Nordseestränden.

In der Regel bekommt ein Urlauber seine Gästekarte vom Gastgeber (Vermieter, Hotel, Appartement), der Tagesgast eine Tageskarte beim Kurkartenkontrolleur, sobald man die sogenannte Kurabgabe (Kurtaxe) bezahlt hat. Zahlen muss man erst ab 18 Jahren.

Mit dem Gästekartenerlös werden u. a. internationale Sportevents unterstützt wie der Windsurf World Cup. Das populäre Rahmenprogramm rund um die Wettkämpfe will sorgfältig geplant sein und dafür fallen natürlich Kosten an. Aber auch Strandkorbsitzer, Wellen- und Möwenbeobachter oder Wanderer freuen sich ganz sicher über einen sauberen Strand. Laut Insel Sylt Tourismus Service (ISTS) fallen allein an 15 Kilometern Badestrand Tag für Tag bis zu 2,5 Tonnen Abfall an! Das Einsammeln des Mülls wird selbstredend entlohnt, ebenso wie die Rettungsschwimmer, die Badeaufsicht und die Sicherheitskräfte, um nur ein paar Beispiele für den Einsatz der Kurabgabe zu nennen. Und wer ist nicht froh über die kostenfreien, gepflegten sanitären Anlagen?

Leider kommt es auch mal vor, dass sich so manch einer am Kontrollhäuschen vorbeischleicht. Begründete Ausnahmefälle mag es ja geben. Wenn Sie ein Hund wären, müssten Sie übrigens nichts bezahlen. Aber dann würden Sie das hier wohl auch nicht lesen ...

Kassenhäuschen

Unvergessene Strandleichen

Mitten in Westerland, umgeben von Wohnhäusern, findet man die „Heimatstätte für Heimatlose", eine Gedenkstätte für Angespülte. Auf den über 50 Holzkreuzen stehen Datum und Ort des Auffindens. Namen sucht man vergebens. Ein einziger Gedenkstein sticht hervor und gibt Auskunft über den Verstorbenen: Demnach verunglückte ein gewisser Harm Müsker, geboren am 24. August 1872 zu Holterfehn, 1890 mit der „Gerhardine" bei deren Strandung. Vermutlich ein Schiffsunfall in den Untiefen vor der Küste. Entdeckt man Harm Müskers Stein auf der ansonsten namenlosen Gedenkstätte, wird einem schlagartig bewusst, welch große Bedeutung persönliche Indizien haben.
Der Friedhof in Westerland wurde 1854 durch Strandvogt Wulf Hansen Decker angelegt, ihm oblag seinerzeit die Bewachung des Strandabschnitts. Im darauffolgenden Jahr gab es einen bedeutenden wirtschaftlichen Wendepunkt für Westerland: Der Ort durfte sich fortan offiziell „Seebad" nennen. Ob der Friedhof absichtlich zu diesem Zeitpunkt angelegt wurde oder nicht, zweifelsohne ist es angenehmer, sich nicht neben einer Strandleiche zu sonnen oder beim Buddeln im Sand auf eine solche zu stoßen. Lange Zeit war es tatsächlich an Meeresküsten üblich, Strandleichen dem Wasser zu überlassen oder in den Dünen zu begraben.
1905 fand die letzte Bestattung auf dem Westerländer Friedhof für Heimatlose statt, zwei Jahre später wurde er geschlossen. Das Stadtbild hatte sich deutlich verändert, eine Erweiterung war mangels Platz nicht mehr möglich.

Ups und Downs einer Muschel

Muscheln und Austern wurden bereits in der Steinzeit verzehrt. Man aß, was man kriegen konnte. Heutiger Fokus: Genuss und Kapital.

Schon die frühe Austernfischerei des 19. Jahrhunderts war eine auf Profit ausgerichtete Handelstätigkeit, eine gute Einnahmequelle für die Küstenbewohner Sylts. Überfischung führte einige Jahre zum „Aus für Austern". Mangelnde Erholung der Bestände war 1910 Triebkraft für erste systematische Zuchtversuche in einer staatlichen Austernstation in List (sylter-royal.de). Undichte Becken, Krieg, fehlende Arbeiter und klirrende Kälte führten erneut zum Stillstand des Austerngeschäfts.

Vorbei war es aber noch nicht: 1986 startete die Dittmeyer´s Austern-Compagnie einen neuen Versuch. Bis heute betreibt das Unternehmen eine Austernaufzucht in der Blidselbucht in List und züchtet die einzige deutsche Auster „Sylter Royal" in der nördlichsten Zuchtstation der Welt. Für die Zuchtauster werden Setzlinge der Pazifischen Felsen-Auster (*Crassostrea gigas*) in Irland eingekauft. Ursprünglich war die Austernart in Ostasien beheimatet und wurde über Austernkulturen im europäischen Raum bis zum Wattenmeer weiterverbreitet.

Etwa zweieinhalb bis drei Jahre dauert es, bis eine Austernlarve zur Meeresfrucht heranreift. Drei Sekunden, bis sie ausgeschlürft ist, aber nur theoretisch! Ein Gourmet kaut ausgiebig, damit sich der Geschmack entfalten kann. Davor muss die Auster mit einem Austernöffner befreit und vom Schließmuskel gelöst werden. Das ist harte Arbeit, denn das quicklebendige Schalenweichtier hält mit seinen scharfen Kanten dicht, solange es geht.

Hilfe, die Heide brennt!

Mit etwa 50 Prozent liegt der größte Anteil an Heidelandschaften ganz Schleswig-Holsteins auf der Insel Sylt. Entstanden ist die Heide aufgrund traditioneller Bewirtschaftungsform, um nährstoffarme Böden wirtschaftlich zu nutzen.

Der ursprüngliche Zweck (Einstreu für Stallungen, zusammen mit Viehmist als Dünger, Brennmaterial) hat heute an Bedeutung verloren. Heute bietet das unter Naturschutz stehende Ökosystem Lebensraum für rund 150 Pflanzen- und 2.500 Tierarten. Ganz fleißige Naturschützer sind dabei tierischer Natur: die Sylter Wanderschafe. Nicht nur das Abgrasen der Heide fördert deren Renaturierung. Die Ausscheidungen der knuddeligen Heidschnucken treiben Stickstoff aus der Erde und damit Nährstoffe. Überlässt man den Boden sich selbst, würde er verholzen: Sträucherbildung, Büsche, Bäumchen.

Das Problem: Schafe allein können nicht alles schaffen. Also kommen Maschinen zum Einsatz. Bei ebener Fläche trägt eine spezielle Heideplaggmaschine die oberste Humusschicht mitsamt Pflanzen ab. Unebene Flächen werden in Anwesenheit der Sylter Feuerwehr, eines Feuerökologen und in Zusammenarbeit mit der Naturschutzgemeinschaft Sylt kontrolliert abgebrannt. Das Heidebrennen führt ab und an zu Fehlalarmen, da die dichten Rauchwolken noch sehr weit zu sehen sind. Sorgen muss man sich nicht. Der Abbrennaktion geht eine sorgfältige Planung voraus, schließlich müssen die Bedingungen von Wind, Temperatur, Luftfeuchtigkeit und Bodenbeschaffenheit möglichst ideal sein.

Blühende Heide

Abgebrannte Heide
(linke Seite)

Champagner, Wein und Bier

Auf Sylt wird nur Champagner getrunken? Das stimmt natürlich nicht – und das wissen Sie auch. Aber wussten Sie auch, dass die Insel ihren eigenen Wein hat? Wenn von Wein die Rede ist, hat man sogleich die Weinhänge von Rheinhessen, Pfalz, Baden, Württemberg oder Mosel vor Augen.

Dass ein Weinberg auch auf Sylt kultiviert werden kann, beweisen drei Sylter Hobbywinzer, darunter eine Sommelière, ein Heizungs- und Sanitärfachmann und ein Architekt mit ihrem Wein namens „Sölviin" (sylterwein.com). Ebenso Winzer Christian Ress, Inhaber eines Familienweingutes aus dem Rheingau, mit seinem Wein namens „Söl´ring" (balthasar-ress.de).

2009 kultivierten die „Sylt-Wein-Pioniere" die nördlichsten Weinberge Deutschlands. Aus dem Experiment wurde erstklassiger Weißwein. Die drei Sylter pflanzten die Traubensorte Solaris, einen pilzwiderstandsfähigen, frostfesten Frühblüher, auf 7.000 Quadratmetern Fläche an. Christian Ress aus dem Rheingau wählte für seine 3.000 Quadratmeter große Fläche außer Solaris eine weitere Sorte namens Rivaner (auch bekannt als „Müller-Thurgau"), ebenfalls frühblühend, mit relativ geringen Ansprüchen an Klima und Bodenbeschaffenheit. Die größte Herausforderung: das Finden einer geeigneten Anbaufläche. Wie soll auf einer nährstoffarmen Düne schon etwas wachsen? Möglichst windstill musste es sein, ein Sturm würde kleine Pflänzchen direkt niederpusten. Die Wahl fiel auf Keitum, an der ruhigeren Wattseite. Außerdem soll das Anbaugebiet ehemals landwirtschaftlich genutzt worden sein. Gute Voraussetzungen für einen humusreichen Boden.
Und was Schädlinge angeht: Ein großer Parasit ist zweibeinig. Spaziergänger, die dem Glauben verfallen sind, dass man überall kostenlos probieren darf, kann man durch Zäune ganz gut in Schach halten. Praktischerweise auch Kaninchen.

Übrigens: Neben Wein wird auf Sylt auch Hopfen angebaut!

Hymne für Sylt

"Westerland" ist einer der bekanntesten Die Ärzte-Songs, den in den 1980er Jahren wohl jeder mitsingen konnte. Eine Hymne für die Insel? Nun ja. Was damals noch keiner wusste: Im ursprünglichen Songtext ging es nicht um Westerland, sondern um die Nordseeinsel Helgoland ...

Das legendäre „Abschiedskonzert" fand im Neuen Kursaal, dem heutigen Congress Centrum Sylt, in der Friedrichstraße statt.

Anfang 2019 veröffentlichten Die Ärzte „They've Given Me Schrott – The Outtakes", eine Sammlung von zuvor unveröffentlichtem Material. Darunter die Demo-Version von „Westerland". Nicht 1:1 übernommen, aber deutlich erkennbar als Ur-Song, der auf Helgoland gemünzt ist. Den Mythos um den Westerland-Song wird die Demo-Version wohl kaum zunichtemachen. Beim temporären Abschiedskonzert der Band auf Sylt war „Westerland" allerdings der Höhepunkt des Abends: Am Am 9. Juli 1988 spielen die jungen Berliner alias Rodrigo González, Bela B und Farin Urlaub im Neuen Kursaal von Westerland auf Sylt. Welch Aufruhr im Kurort, eine derartige Veranstaltung hatte es auf Sylt noch nie gegeben! Die Ärzte waren damals auf der Insel (noch) nicht so bekannt wie auf dem Festland. Als publik wurde, dass die Rockmusiker einige indizierte Lieder komponiert hatten, darunter „Geschwisterliebe" (1986) oder „Claudia hat 'nen Schäferhund" (1984), hatte man Sorge, es könnte Randale geben. Das Rote Kreuz hatte sicherheitshalber ein Lazarett aufgebaut, die Polizei Verstärkung vom Festland geordert. Doch: Die Randale blieb aus, während die indizierten Lieder als Instrumentalversion gespielt wurden und die Fans den Text mitgrölten.

Aha

Fridays for Future oder: Was machen wir mit dem Holzstück?

Fridays for Future gibt es natürlich auch auf Sylt. Viele Sylter beteiligten sich an der von der FFF-Bewegung organisierten globalen Klima-Demo 2019 und ebenso am International Coastal Cleanup (ICC), einer Aktion der amerikanischen Umweltorganisation Ocean Conservancy.

Aber schon vor Greta Thunberg und ihren Mit-Aktivisten waren die Themen Klimaschutz und Nachhaltigkeit auf der Insel an der Tagesordnung. Bereits zum elften Mal rief

Eine Art „Müll-Mahnmal" am Strand: abgerissene Fischernetze und Bojen, Schlauchreste, Schuhe, Plastikfetzen von Tüten und Planen, Schwimmwesten, Glas- und PET-Flaschen, Kinderspielzeug, Joghurtbecher ...

das Orgateam des Surf Club Sylt 2019 zum Aufräumen der Strände auf. Aber auch andere Müllsammler machen aufmerksam auf die Meeresvermüllung, wie die Naturschutzgemeinschaft Sylt e.V. oder die Teams der Sylter „Plastik Crew" des Schulzentrums Sylt. Ebenso die Rettungsschwimmer kümmern sich regelmäßig darum, den Strand sauber zu halten.

Für eine plastikfreie Zukunft setzt sich auch die von zwei Sylterinnen gegründete Initiative Bye Bye Plastik Sylt ein. Angespornt durch die Europawahlen 2019 mit dem Fokus Klimaschutz möchte die Initiative Sylter Unternehmen, Gastronomen und Privatpersonen animieren, möglichst auf Wegwerfplastik wie Plastikbecher und To-go-Verpackungen zu verzichten. Teilnehmer bekommen einen Sticker mit Walfisch-Logo und machen damit auf die Aktion aufmerksam. Ursprünglich gestartet wurde das Projekt 2018 von einer deutschen Walforscherin auf der Insel Bornholm (Dänemark).

Nicht einfach in die Mülltüte stecken sollte man kleine Holztäfelchen, sogenannte Drifter, die 2018 auch vor Sylt ins Meer ausgesetzt wurden und gegebenenfalls am Strand zu finden sind. Die Holzstücke sind nummeriert und mit einer Inschrift versehen: Der Finder wird gebeten, den Fundort des Drifters zu melden. Die gewonnenen Daten helfen Strömungsmuster der Nordsee zu erfassen, um Vorhersagen über die Verteilung von Schadstoffen, Plastikmüll und Co. zu treffen. Mit dem vom Niedersächsischen Ministerium für Wissenschaft und Kultur (MWK) geförderten Projekt „Makroplastik in der südlichen Nordsee" sollen Müllvermeidungsstrategien erarbeitet werden. Damit der Drifter noch weitere Erkenntnisse liefert, überlässt man ihn wieder der Nordsee.

Ein Berg auf Sylt

Mit 52,5 Metern ist der inoffiziell bezeichnete „Sylter Berg" die höchste natürliche Erhebung auf der Insel, gelegen in Kampen, nahe des Roten Kliffs. Zum Berg wurde die einstige Wanderdüne erst durch Bewuchs, sonst wäre sie heute sicherlich fortgeweht oder -gewandert.

Über eine Holztreppe mit 110 Stufen kann man den kleinen Berg besteigen. Wanderstöcke und -stiefel braucht man allerdings nicht. Von der Aussichtsplattform hat man einen Superblick über die ganze Insel, bei gutem Wetter sogar bis zur dänischen Nordseeinsel Rømø (Fernglas und Infotafeln stehen bereit). Offiziell heißt die Düne „Uwe-Düne", zum Gedenken an den Sylter Uwe Jens Lornsen (1793–1838). Uwe stammte aus einer Kapitänsfamilie. Sein Weg führte ihn nicht auf See, sondern aufs Festland zum Studium der Rechte. Politischen Aufruhr brachte seine Veröffentlichung des Flugblattes „Ueber das Verfassungswerk in Schleswigholstein" (1830). Inhaltlich ging es um die Vereinigung der Herzogtümer Schleswig und Holstein und mehr Unabhängigkeit im dänischen Staat (Sylt stand seinerzeit noch unter dänischer Herrschaft). Tatsächlich gab es zehn Jahre nach seinem Tod die sogenannte schleswig-holsteinische Erhebung gegen Dänemark (1848–1851). Ob das Wort *Erhebung* im wahrsten Sinne des Wortes auf die Erhebung (also die Düne) abzielt, ist an dieser Stelle reine Spekulation.

Hundstage

Schon die alten Griechen haben in der Zeit von Mitte Juli bis Mitte August ganz schön schwitzen müssen und Parallelen zu den Sternen gesehen. Auch wenn Hitzewellen heutzutage zeitlich nicht mehr mit dem Sternbild Großer Hund (*Canis Major*) übereinkommen, assoziiert man mit den sogenannten Hundstagen die gleißend heißen Sommertage. In ganz Europa. Eigentlich.

Auf Sylt hat der Begriff (auch) eine andere Bedeutung. Hier haben Hundstage wortwörtlich etwas mit Hunden zu tun. Ist ja logisch.
Hundstage = Tage der Hunde. Auch den Zeitraum hat man im Sinne von Hund und Herrchen anders gelegt. Seit 2013 treffen sich Schnüffelnasen und deren zweibeinige Begleiter im März und November zum Wattwandern, zu Vorträgen, zu Workshops oder einfach zum Schnacken über Hundegedöns. Angefangen von Hundemassagen über Super-Rückruf (wenn der „normale Rückruf" nichts mehr bringt), Mantrailing (Personensuche mittels Geruchstraining) bis hin zum Hunde-Bootcamp kann man mit seinem Wuschel jeweils eine Woche lang alles Mögliche ausprobieren. Die Organisation läuft über den Tourismus-Service Wenningstedt-Braderup.
Übrigens: An den Sylter Hundstagen heißt es an einigen Stränden Leinen los! Es ist Nebensaison. Da dürfen auch die Hunde mal die Sau rauslassen: mehr Platz zum wilden Herumtollen, Rollen, Springen, Wälzen. Wau.

Eine gefräßige Dame

Willi wird sie genannt, eine Kegelrobbe mit großen Kulleraugen, anzutreffen am Hörnumer Hafen. Kaum einer kann widerstehen, den tierischen Star zu füttern, sobald dessen Kopf aus dem Hafenbecken lugt. Man vergisst dabei sogar, dass Willi eine Räuberin ist. Böse ist sie aber nicht, die Eigenschaft fällt mehr dem menschlichen Räuber zu, der Robben bis in die 1970er Jahre gejagt hat. Beide wollten dasselbe: Fische. Dabei fressen Robben bei Weitem nicht so viele davon, wie Menschen durch Fischerei ausrotten. Selbst wenn Robben an der Nordsee nicht mehr gejagt werden, bleibt der Mensch ihr Feind: Gewässerverschmutzung durch Glas, Plastikmüll und Reste von Fischernetzen führen zu Verletzungen und Krankheiten.
Nicht nur auf Sylt ist der Schutz der Tiere substanziell. Was jeder tun kann: Abstand halten, wenn man eine Robbe am Strand entdeckt, mindestens 200 Meter, und kranke Tiere melden. Bei Niedrigwasser ruhen die Tiere auf Sandbänken, wo sie auch ihren Nachwuchs auf die Welt bringen (Kegelrobben im Winter, Seehunde ab Mai). Etwas näher kann man die Kolonien bei einem Schiffsausflug beobachten. Fahrgäste bekommen ein Fernglas, da auch das Schiff Abstand halten muss.
Willi ist zweifelsohne eine besondere Kegelrobbe, verhungern wird sie in Hörnum nicht: Sogar eine Fischbude bietet Heringe extra für Willi an. Es soll ein Angler gewesen sein, der in den 1990er Jahren dachte, dass die damals ausgehungerte Robbe ein Männchen ist und sie auf den Namen Willi taufte. Ob die Kegelrobbe Sylta, die ein paar Mal mit Willi gesichtet wurde, eines Tages deren Position übernimmt, wird sich zeigen. Willi jedenfalls ist schon in die Sylter Geschichte eingegangen.

Dame Willi: quickfidel dank lecker Fisch. Kranke Robben oder Seehunde meldet man der Schutzstation Wattenmeer Hörnum (04651-881093) oder der Sylter Polizei (04651-70470).

Süß und salzig – das „Vogel-Becken" in Rantum

Tatsächlich heißt die rund 570 Hektar große Anlage, die jährlich von Zehntausenden von Vögeln besucht wird, Rantumbecken. Vogelwarte dokumentieren durch regelmäßiges Zählen Bestand und Vorkommen verschiedenster und seltener Vogelarten. In Führungen berichten sie von spannenden Erkenntnissen, wie etwa Vogelwartin Andrea Ade.

Wenn zwischen März und Mai die ersten Schwärme kommen, fliegen andere schon wieder gen Norden. Das Einzigartige: In dem ornithologischen Paradies tummeln sich Vögel mit Vorliebe für Salz-, aber auch Süßwasser. Durch einen Damm getrennt befindet sich im nördlichen Teil ein Süßwasserlebensraum, im südlichen Teil salziges Nordseewasser, das über einen Siel (Gewässerdurchlass) kontrolliert zufließt. Der Entstehungshintergrund ist weniger schön: Die 5 Kilometer lange Abtrennung wurde im Zweiten Weltkrieg zur Anlage eines

Auch Pfuhlschnepfen fühlen sich im Rantumbecken wohl.

Wasserflugplatzes durchs Watt gezogen, letztendlich aber als solcher kaum genutzt. Nach Kriegsende lief das Becken teilweise leer, Lagunen bildeten sich, Seevögel ließen sich zum Brüten nieder. Die Senkung des Wasserspiegels sowie die Anreicherung von Nährstoffen, bedingt durch Landentwässerung des Nössekoogs (Marschland), aber auch durch Abwasser des nordwestlich angrenzenden Klärwerks, führten zur Ausbreitung von Schilf. Wenig reizvoll für Seevögel, attraktiv jedoch für andere Vogelarten.

In den Süß- und Salzwasserlebensräumen sichtet man Singvögel, See- und Küstenvögel wie Seeschwalben und Enten. Auf den schilffreien Flächen ruhen sich vor allem riesige Schwärme von Watvögeln (*Limikolen*) aus, darunter Alpenstrandläufer, Knutt und Pfuhlschnepfen. Sie fühlen sich auf den Hochwasserrastplätzen des Beckens besonders wohl, da es dort, verglichen mit der Küste, äußerst ruhig ist. Künstlich angelegte Steininseln soll(t)en die Brut der Vögel schützen. Jedoch: Gefahr droht aus der Luft durch Möwen und Krähen und aus dem Schilf durch Fuchs und Marderhund! Beide Nestplünderer können schwimmen und die Inseln raufklettern. Mit speziell gebauten Brutflößen versucht man, alternative Schutzmöglichkeiten zu schaffen.

Künstlich angelegte Steininseln für Vögel im Rantumbecken

Die vielen Farben des Morsum Kliffs

Schwarzer Glimmerton (8–10 Mio. Jahre alt)

1923: Startschuss für den Bau des Hindenburgdamms. Dank unermüdlicher Naturschützer werden im selben Jahr einige Sylter Gebiete unter Naturschutz gestellt. Rechtzeitig, sonst wären große Teile des Kliffs im Damm verbaut worden.

Dabei ist das etwa 2 Kilometer lange Kliff eine geologische Einzigartigkeit in Europa: Fossilienfunde wie Muscheln, Schnecken und uralte Erdschichten lassen Rekonstruktionen der klimatischen Bedingungen vor Millionen von

Jahren zu. Drei Gesteinsschichten lagern hier nicht wie „üblich" übereinander, sondern bedingt durch Gletscherverschiebungen in einem solchen Winkel, dass man sie von oben sehen kann. Das Kliff besteht aus vier Schollen mit jeweils derselben Erdschichtfolge

„Klein Afrika"

von Ost nach West: schwarzer Glimmerton (8–10 Mio. Jahre alt), eisenhaltiger, ockerfarbener Limonitsand (4–6 Mio. Jahre alt) und weißer Kaolinsand (2–3 Mio. Jahre alt). Naturkundlich geologische Führungen helfen, den Entstehungsprozess nachzuvollziehen und bieten spannenden Background. Auch die angrenzende Landschaft ist beachtlich: Ein passierbares, wüstenähnliches Dünental mit besonders feinem rotem Sand kann im Sommer tüchtig aufheizen (bis 50° C) und wird als „Klein Afrika" bezeichnet. Daneben: Grabhügel aus kultischen Zeiten sowie seltene Tier- und Pflanzenarten, mitten in der naturbelassenen Heidelandschaft. Einige Pflanzen stehen auf der Roten Liste wie der Lungen-Enzian, den man von der Schwäbischen Alb und vom Niederrhein kennt. Ebenso das Gebiet zwischen Meer und Kliff ist belebt: Brandgänse legen ihre Eier in Erdlöchern und Erdröhren ab, Uferschwalben brüten in selbst gegrabenen Löchern an den Abbruchkanten des Kliffs.

Limonitsand (4–6 Mio. Jahre alt)

Weißer Kaolinsand (2–3 Mio. Jahre alt)

Was Köln und Sylt verbindet

Es ist eine Strohpuppe, die seit Beginn des 20. Jahrhunderts beim traditionellen Biikebrennen am 21. Februar verbrannt wird, der Pid(d)er. Auf Sylt, aber auch auf anderen Inseln und in vielen Küstenregionen Nordfrieslands, symbolisiert er den Winter. Mancherorts nimmt man anstelle der Strohpuppe eine Tonne mit Teer, beispielsweise in Tinnum.

Fackelzug zur Biike

Nubbel heißt die Strohpuppe der Kölner, man könnte ihn glatt mit dem Pidder verwechseln. Der Nubbel wird jedoch als stellvertretender Sündenbock am letzten Tag des Straßenkarnevals verbrannt.

Bis Ende des 19. Jahrhunderts gab es noch keinen festen Termin fürs Biikebrennen. (Übrigens: „Biike" bedeutet „Feuerzeichen"!) Zumindest war man sich einig, dass das Fest vor der Fastenzeit stattfinden soll, ebenso übrigens der Kölner Karneval. Beide Volksfeste sind für viele Einheimische nahezu wichtiger als Weihnachten. Nicht nur bei den jecken Kölnern drückt sich der Heimatstolz in kölschen Liedern aus, sondern auch auf Sylt: Nachdem der Ruf „Tjen di Biiki ön" ertönt, wird der Holzstapel samt Pidder (oder Tonne) angezündet und gemeinsam zum Lied eingestimmt: „Üüs Söl'ring Lön" („Unser Sylter Land"). Erlebt man hautnah mit, wie mancherorts selbst bei stürmischem Regenwetter ein Kinderchor sorgenfrei vergnügt auf Sölring singt, wird einem trotz Schietwetter warm ums Herz. Die Tradition des Biikebrennens war vermutlich anfangs ein heidnischer Fruchtbarkeitskult zur Vertreibung der Wintergeister, später ab dem 17./18. Jahrhundert ein Abschiedsfest für die Walfänger, die Ende Februar in See stachen. So ganz genau weiß man es nicht. Die meisten wissen aber, was zu tun ist, wenn heutzutage die Biiken verglimmen: Dann ist Aufbruch zum gemeinsamen Grünkohlessen mit Klönschnack angesagt.

Der Brauch des Feuerzeichens wurde 2014 ins Verzeichnis des Immateriellen Kulturerbes der Deutschen UNESCO-Kommission aufgenommen.

Hochsaison für einen dunkelgrünen Star

Um einen Vogel geht es nicht, sondern um ein Sylter Leibgericht: Traditionell wird zum Biikefest Grünkohl mit Bauchspeck, Kassler oder Kochwurst serviert. Dazu gibt's Bratkartoffeln (typisch friesisch: mit Butter und Puderzucker karamellisiert). Das Grünkohlessen nach dem Biikebrennen soll vor mehr als 100 Jahren in einer Gastwirtschaft erfunden worden sein. Man hatte Hunger und es gab nichts anderes zu essen. Gern erzählt man sich zur Biike auch die populäre Sage um den Jüngling Pidder Lüng, der einen Steuereintreiber im Grünkohltopf ertränkte (siehe Seite 46). Der Ursprung des Biikebrennens reicht mit hoher Wahrscheinlichkeit weit mehr als tausend Jahre zurück und diente wohl als magische Handlung zur Vertreibung von Geistern. Walfänger konnte man jedenfalls nicht verabschieden, da es sie noch nicht gab. Wahrscheinlich ist auch, dass man im Anschluss an das Feuer anno dazumal noch kein deftiges Grünkohlgericht mit Bauchspeck verspeiste. Auf Sylt gab es lange Zeit kaum Gemüse, nur im östlichen Teil. Im Winter kochte man angedickte Wurzelgemüse-Suppen und aß kaum Fleisch.

Biike-Suppe mit Wurzelgemüse

Zutaten für 2 Personen | 2 Teller Suppe
1 mittelgroße Süßkartoffel
1 mittelgroße Kartoffel, mehligkochend
2 Möhren
1 Pastinake
1 Wurzelpetersilie
1 Rote Bete
2 EL Rapsöl (SYLTER SUPPEN-Chef
Maurice Morell empfiehlt:
Albaöl, erinnert an frische Butter)
250 ml Gemüsebrühe
Muskatnuss, gerieben
Salz aus der Mühle
Pfeffer aus der Mühle
1 TL Kurkumapulver
Petersilie, getrocknet (Maurice Morell empfiehlt: Beifuß)
Liebstöckel, getrocknet
2 EL Kokosmilch
Grünkohlchips

1. Gemüsebrühe zur Weiterverarbeitung vorbereiten.
2. Gemüse nach Bedarf waschen, schälen und klein schneiden.
3. Mit einem Stabmixer weiter zerkleinern.
4. Das zerkleinerte Gemüse zur Brühe in den Topf geben, Rapsöl hinzufügen und 25 Min. köcheln lassen. Ab und zu umrühren, größere Stücke nochmals pürieren.
5. Mit geriebener Muskatnuss, Salz, Pfeffer, Kurkumapulver und Kräutern abschmecken.
6. Kokosmilch hinzufügen und mit dem Stabmixer cremig rühren.
7. Mit Grünkohlchips dekorieren und direkt servieren. Nach Belieben mit Öl oder Kokosmilch beträufeln.

Üüs Söl'ring Lön

Üüs Sölring Lön, dü best üüs helig,
dü blefst üüs ain, dü best üüs Lek!
Din Wiis tö hualen sen wü welig!
Di Sölring Spraak auriit wü ek.
Wü bliiv me di ark Tir forbünen,
sa lung üs wü üp Wârel sen.
Uk diar jaar Uuning bütlön fünen,
ja leeng dach altert tö di hen.
Kumt Riin, kumt Senenskiin,
kum junk of lekelk Tiren,
tö Söl wü hual aural,
wü bliiv truu Sölring Liren.
[…]

Unser Sylter Land

Unser Sylter Land, du bist uns heilig,
du bleibst unser Eigen, du bist unser Glück!
Deine Sitten wollen wir erhalten!
Die Syltringer Sprache vergessen wir nicht.
Wir bleiben mit dir zu jeder Zeit verbunden,
solange wir auf der Erde sind.
Auch, wer seine Wohnung draußen gefunden,
sehnt sich doch immer zu dir hin.
Kommt Regen, kommt Sonnenschein,
kommen dunkle oder glückliche Zeiten,
zu Sylt wir halten überall,
wir bleiben treue Sylter Leute.
[…]

Mit Stil der Kälte trotzen

So wie sich die friesischen Sprachen untereinander abgrenzen (z. B. Sölring auf Sylt, Öömrang auf Amrum), so hat auch jede friesische Insel ihre eigene Tracht.

1975 wurde eine Tanzgruppe im Sylter Kulturverein Sölring Foriining gegründet, nachdem man auf einem Dachboden Teile einer alten Tracht gefunden hatte. Die Sylter Trachtengruppe ist Botschafter für die Bewahrung und Repräsentation der Sylter Kultur sowie der nordeuropäischen Tänze im Allgemeinen.

Die Tänzer tragen dem Original nachempfundene Festtagstrachten von Frauen und Mädchen

Paar in traditioneller Sylter Tracht, ca. 16. Jahrhundert

um 1800, die Hochzeit der Sylter Trachten. Es war das Zeitalter von Walfang und Seefahrt, von „schwerem" Reichtum, der sich in den massigen, stilvollen Kleidern zum Schutz vor Kälte widerspiegelt: mehrere Röcke übereinander, ein Pelz aus Schafsfell, ein westenartiges, enges Oberteil und eine Haube – alles aufeinander abgestimmt.

Etwas luftiger um die Hüften war es noch um 1600, wie die Kleidung des Paares der historischen Abbildung zeigt. Auch die Kopfbedeckung war einst schlichter.

Ähnlich wie bei heutiger Kleidung unterschied man wohl zwischen Trachten für Alltag und Feierlichkeiten, worauf Kupferstiche, alte Aufzeichnungen und die seinerzeit aufgefundenen Trachten-Teile schließen lassen.

Eine Koje nicht zum Schlafen

Zeitreise zurück ins 18. Jahrhundert, Tatort Kampen, Vogelkoje: Angelockt von gezähmten Enten mit gestutzten Flügeln, lassen sich Wildenten auf ihrem Zwischenstopp zur Landung auf einem künstlich angelegten Süßwasserteich nieder. Im quadratischen See enden vier mit Netzen überzogene Fangkanäle in je einer Fangpfeife, an deren Ende – versteckt – ein Kojenwärter zur Hinrichtung wartet. Die Wildenten folgen den Lock-Enten, bis diese in die Kanäle zu ihren Stallungen mit Gerstenfutter schwimmen, um zu fressen. Uninteressant offenbar für die Wildenten, die weiter ans Ende des Kanals paddeln. Ein Fehler – es ist ihr Tod.

Idee und Technik der sogenannten Vogelkojen wurden seinerzeit von Sylter Walfängern aus den Niederlanden eingeführt. Ente stand nicht auf dem allgemein kargen Speiseplan der Insulaner. Es war vielmehr ein lukrativer Ertrag für die jeweiligen Eigner der Vogelkojen: Jährlich wurden etwa 8.000, in absoluten Spitzenzeiten bis zu 25.000 Enten pro Jahr bzw. Saison (ca. August bis Dezember) gefangen. 1767 wurde die erste und ertragreichste von insgesamt drei Anlagen auf Sylt in Kampen erbaut. Dort wurde der Fangbetrieb 1921, in den anderen Kojen einige Jahre später, eingestellt. Schon zum Ende des 19. Jahrhunderts wurden die Erträge geringer. Etwa zeitgleich störte die zunehmende Entwicklung des Badetourismus die nötige Ruhe für das Fangen der Enten. Mit den einstigen Anlagen entstand, wenn auch ursprünglich nicht geplant, ein bis heute artenreicher Lebensraum: Zahlreiche Singvögel finden hier Nahrung, Schutz und Brutmöglichkeiten. Ein urwaldartiger Sumpfwald mit knorrig-verschnörkelten Pappeln und Erlen entstand, der Waldboden ist mit Farnen bewachsen.
Noch heute werden die Eidumer Vogelkoje in Westerland und die Vogelkoje Kampen als Kulturgut gepflegt und sind öffentlich zugänglich, um sich über den Entenfang zu informieren. Die Kampener Anlage bietet darüber hinaus einen interaktiven Lehrpfad (Naturpfad Vogelkoje Kampen) und zählt heute zu den Sölring Museen.

Vogelkoje Kampen: urwaldartiger Sumpfwald

Piratentörn mit Tänzerin

In List ist ihr Heimathafen: Die „Gret Palucca" wurde 1941 gebaut. Besonders beliebt ist sie bei Kindern wegen ihrer legendären Piratentörns.

Das Schiff steht in einer langen Tradition: Bereits Anfang des 20. Jahrhunderts fuhren Kutter von List aus die ersten Gäste zu den Austernbänken hinaus. Benannt wurde die Gret Palucca nach der berühmten Dresdner Ausdruckstänzerin, die regelmäßig Ferien in List auf Sylt machte:
Gret Palucca wurde 1902 als Margarete Paluka in München geboren. Schon als Ballettelevin soll sie dem klassischen Tanz skeptisch gegenübergestanden haben. Als Schülerin Mary Wigmans wurde sie später eine der führenden Ausdruckstänzerinnen mit eigener Tanzschule in Dresden.
Margaretes langjährige Gastgeber in List auf Sylt benannten in den 1960er Jahren ihr erstes Ausflugsschiff „Palucca" nach ihr; auch alle nachfolgenden Schiffe dieser kleinen Reederei trugen die Namen „Palucca" oder „Gret Palucca". Heute gehört die „Gret Palucca" zur Adler-Reederei, die die Linien der alten Palucca-Reederei übernommen hat. Neben der „Gret Palucca" liegt auch ein kleinerer Kutter im Hafen: die nach Grets Mutter benannte „Rosa Paluka".

Das Klugscheißer-Quiz

1. Wo liegt die „Sylter Sahara"?

2. Wie viele Gemeinden gibt es auf Sylt?

3. Wer oder was ist RALF?

4. Was versteht man unter „Sylter Maß"?

5. Wo kommt die „Sylter Royal" ursprünglich her?

6. Was bedeutete es, wenn ein Sylter „seinen Löffel abgab"?

7. Was macht man mit einer „Toten Tante" auf Sylt?

8. Was befindet sich auf einem Krabbenbrötchen?

9. Unter welchem edlen Namen kennt man Sylt noch?

10. Was frisst der Wattwurm?

11. Warum quietscht der Sand manchmal unter den Schuhen?

12. Wo liegt „Klein Afrika"?

13. Was ist eine „Sylter Sekunde"?

14. Was ist ein „Sylter Viertelstündchen"?

15. Was versteht man unter einer Vogelkoje?

16. Welches populäre Café entstand aus einem Flakbunker?

17. Was ist die Himmelsleiter und wohin führt sie?

18. Welche Landschaft ist nach einem Körperteil benannt?

19. Was ist ein Heuler?

20. Wer hat auf Sylt immer Vorfahrt und trägt zum Erhalt der Deiche und Heidelandschaft bei?

21. Von welchen Inseln ist Sylt umgeben?

22. Wozu dient ein Friesengiebel?

Antworten:

1. Als „Sylter Sahara" bezeichnet man das unter Naturschutz stehende Wanderdünengebiet Listland im Norden der Insel.

2. Es sind insgesamt elf Gemeinden: 2008 fusionierte die Stadt Westerland in der Inselmitte mit der Gemeinde Sylt-Ost (Archsum, Keitum, Morsum, Tinnum, Munkmarsch), etwas später folgte die Gemeinde Rantum. Aus diesen sieben Orten entstand die Gemeinde Sylt (auf der Insel Sylt). Die vier Gemeinden Hörnum, Kampen, List auf Sylt und Wenningstedt-Braderup fungieren unabhängig über das Amt Landschaft Sylt. Die gesamtwirtschaftliche Verwaltung aller Gemeinden obliegt der Gemeinde Sylt. Alle Gemeinden sind Teil des Kreises Nordfriesland in Schleswig-Holstein mit Verwaltungssitz in Husum.

3. RALF ist eine eingebürgerte Hörnumer Regel. Steht man am Südzipfel der Insel, den Blick aufs Meer gerichtet, sieht man rechts und links je eine Nordseeinsel: RA = Rechts Amrum, LF = Links Föhr.

4. Das „Sylter Maß" bezeichnet eine Einheit für die Größe einer Wohnung oder eines Hauses. Die Berechnung der Grundfläche erfolgt in dem Fall ohne Berücksichtigung von Raumhöhe, Treppen, Terrassen etc. Deutlich wird dies z. B. bei Dachgeschosswohnungen oder Appartements mit zugehörigem Garten: Dessen Fläche wäre in der Appartementgröße inkludiert.

5. Die „Sylter Royal" ist die einzige in Deutschland gezüchtete Auster. Es handelt sich dabei um die Pazifische (Felsen-)Auster (*Crassostrea gigas*). Ursprünglich in Ostasien beheimatet wurde sie über Austernkulturen im europäischen Raum weiterverbreitet bis hin zum Wattenmeer. Dittmeyer's Austern-Compagnie kauft die Setzlinge für die Sylter Royal in Irland ein und lässt sie etwa drei Jahre vor List heranwachsen.

6. Noch im 18. und 19. Jahrhundert war in einer Ecke eines bestimmten Raumes ein sogenanntes Löffelbrett angebracht, in das man nach dem Essen seinen Löffel abgab (aufhängte). Die Löffel verblieben

stets im Haus, selbst wenn man der Heirat wegen fortging oder ein Bediensteter die Arbeitsstelle wechselte. Auch im Todesfall „gab man seinen Löffel ab" – und zwar an die nächste Generation.

7. Austrinken! Empfehlenswert besonders an kühleren Tagen nach einem langen Strandspaziergang: Rum erwärmen, süßen, heißen Kakao dazugeben und ein Sahnekrönchen draufsetzen. Oder einfach in ein schnuckeliges Café setzen und eine „Tote Tante" bestellen!

8. Strandkrabben sind es nicht. Das sind die Krebse mit den Scheren und dem harten Panzer. Auf dem typischen Sylter Krabbenbrötchen befinden sich kleine Nordseegarnelen, auch Granat genannt.

9. „Königin der Nordsee". Sylt ist nämlich die nördlichste deutsche Insel, mit rund 99 Quadratkilometern die viertgrößte Deutschlands (nach Rügen, Usedom, Fehmarn) und die größte nordfriesische Insel mit einem rund 40 Kilometer langen Weststrand.

10. Na, wat wohl? Watt! Genau genommen: Sedimentwatt. Der Wurm filtert die enthaltenen Nährstoffe heraus, verwertet sie und scheidet den Sand in Form eines Sand-Spaghetti-Häufchens als Kot am anderen Ende aus. Ein Wurm frisst ca. 25 Kilogramm Sand pro Jahr.

11. An der geräuschvollen Stelle wurde wahrscheinlich kürzlich Sand aufgespült. Dessen Körnchen sind noch nicht geschliffen und kantig, die Reibungen verursachen eine Art Quietschen.

12. Nicht in den Tropen, sondern am Morsum Kliff. Tropisch warm kann es hier allerdings unter speziellen Bedingungen werden: bis zu 50° C. Auch an kühleren Tagen gleicht die feinsandige Stelle einer Anhäufung von Wüstensand.

13. Das ist genau die Zeit, die ein Gerücht von Hörnum bis nach List braucht.

14. Das ist die Zeit, die man mit Erlaubnis eines Strandkorbwärters in einem Strandkorb verbringen darf, ohne diesen gemietet zu haben. So jedenfalls die Weisheit einer jahrelangen Kölner Sylt-Reisenden. Vielleicht mal ausprobieren. Die Gewähr wird allerdings nicht übernommen!

15. Eine ausgeklügelte, künstlich errichtete Wildentenfanganlage mit eigens angelegtem Süßwasserteich. 1767 wurde die erste und ertragreichste Anlage in Kampen gebaut. Diese und die Eidumer Vogelkoje in Westerland sind seit Beginn des 20. Jahrhunderts nicht mehr in Betrieb und können besichtigt werden.

16. Die Kupferkanne (KuKa) in Kampen. Nach der Kapitulation Deutschlands 1945 bekam Günter Rieck, ein Oberleutnant der Kriegsmarine und Bildhauer, den Flakbunker als Bleibe zugewiesen. Er schuf ein Atelier, das sich zunehmend als Künstlerlokal entwickelte.

17. Die Himmelsleiter ist mit einer Höhe von 26 bis 31 Metern – je nachdem, welche Stufen mitgezählt werden – der höchste Strandübergang der Insel und liegt in Westerland.

18. Der Ellenbogen in List, die nördlichste Stelle der Insel Sylt und zugleich der nördlichste Punkt Deutschlands.

19. Ein junger Seehund, der getrennt vom Muttertier kläglich heulend am Strandufer liegt. Heuler dürfen nicht angefasst werden, da die Mutter ihr Junges aufgrund des Menschengeruchs nicht mehr annehmen würde. Auch sind mindestens 200 Meter Abstand zu halten. Heuler sind zu melden, entweder beim Naturschutzbund, der Kurverwaltung, dem Seehundjäger oder der Polizei.

20. Die Schafe. Das Abfressen der Heide und der Schafsdung tragen zur Renaturierung der Heide bei. Stetiges Bodentrampeln befestigt die Deiche.

21. Im Süden liegen rechts Amrum, links Föhr. Im Norden liegt die dänische Insel Röm (Rømø).

22. Ein Friesengiebel oder auch Spitzgiebel über der Eingangstür eines Friesenhauses schützt im Falle eines Brandes vor herunterfallendem, brennendem Reet. Das Reet rutscht zur Seite weg und hält dadurch den Fluchtweg frei.

Sylt. Eine Zeitreise

ca. 4000–1800 v. Chr.	**Neolithikum/Jungsteinzeit** Rund 50 Megalithgräber aus dem Mittelneolithikum wurden auf Sylt entdeckt. Die Großsteingräber sind zum Teil aus riesigen Findlingen gebaut. Als eines der besterhaltenen begehbaren Megalithgräber Nordeuropas gilt das etwa 5.000 Jahre alte Steinzeitgrab Denghoog in Wenningstedt. Aufgrund eines geplanten Neubaus steht seit 2019 zur Diskussion, das Steinzeitgrab zu schließen. Der Aushub eines ca. 1.000 Kubikmeter großen Kellers in unmittelbarer Nähe könnte zum Einsturz führen. (Ausgang scheint nach wie vor unsicher).
ca. 1800–800 v. Chr.	**Bronzezeit** Man beginnt, die Toten zu verbrennen, in Urnen oder Steinkisten/-packungen zu bestatten und im Grabhügel zu vergraben. Bei „Platzmangel" werden die Hügel entsprechend erweitert oder erhöht. Mehr als 420 Grabhügel aus der Bronzezeit sind auf Sylt bekannt.

ca. 800–1000 n. Chr.	**Wikingerzeit** Bis heute sind Grabhügelfelder aus der Wikingerzeit auf Sylt erhalten (Wenningstedt, Morsum). Die einzelnen Grabhügel enthalten nur noch eine Urne, beigesetzt in einer Grube in der Mitte des Hügels. Relikt jener Zeit ist auch die Tinnumburg, ein kreisförmiger Ringwall, der eventuell als Kultstätte diente.
1141	Der Name Sild (dänisch: Sylt) wird erstmalig in einer Schenkungsurkunde an das Kloster Odense (Dänemark) erwähnt.
1362 und 1634	Verheerende Sturmfluten an der Nordseeküste Schleswig-Holsteins sorgen dafür, mit solchem Ausmaß, dass der Küstenverlauf neu geformt und die Landschaft zerrissen wird. Deiche brechen, Siedlungen verschwinden im Meer, ganze Inseln entstehen oder versinken. Sylt und die nahe liegenden Nordseeinseln Amrum und Föhr verlieren Land und werden zu Inseln.
15./16. Jh.	Heringsfischen gewinnt an Bedeutung, für Speiseplan und Handel. Zur Konservierung werden die Heringe ordentlich gesalzen und in Holzfässern eingelagert.
1668	Der Hering wird zum Wappentier. Der Fischerei bringt es nichts: Heringe sind nahezu ausgefischt. Schon die Zweite Grote Mandränke (Burchardiflut) von 1634 hatte viele Boote zerstört oder ganze Existenzen vernichtet.
1640	Das goldene Zeitalter bricht an. Männer, Jung und Alt, gehen auf See zum Walfang, Frauen bewirtschaften den Hof allein. Viele Sylterinnen sind alsbald verwitwet, Kinder verwaist. Walfang ist lukrativ und kostspielig zugleich, viele zahlen mit dem Leben.

1820	Beginn der systematischen Aufforstung des nahezu baumlosen Sylts. Ein bedeutender Vorreiter, der mit einem Zuchtversuch mittels Kiefern-, Tannen-, Fichten- und Birkensamen für Bewaldung sorgen will, ist Kapitän Jürgen Jens Lorensen (1759–1843). 1767 beginnt die Anlage der Kampener Vogelkoje mit bewussten, zusammenhängenden Baumanpflanzungen. Ein artenreicher Sumpfwald mit Farnen, Pappeln und Erlen entsteht. Eigentliche Triebfeder ist das Geschäft mit dem Entenfang: Bäume dienen als Tarnung für die Entenfänger (Kojenwärter).
1830	Uwe Jens Lornsen (1793–1838) fordert mit seinem Flugblatt „Ueber das Verfassungswerk in Schleswigholstein" die Vereinigung der Herzogtümer Schleswig und Holstein sowie mehr Unabhängigkeit im dänischen Staat. Die Uwe-Düne in Kampen erinnert an den Sylter Freiheitskämpfer.
1864	Infolge des Deutsch-Dänischen Kriegs geht Schleswig mitsamt der Inseln an Preußen über.
1855	Westerland wird das Prädikat „Seebad" verliehen. Trotz umständlicher Anreise per Schiff suchen bereits an die hundert Gäste den Kurort Westerland auf.
1888	Die Inselbahn (u. a. „Dünen-Express", „Rasende Emma") befördert Kurgäste vom Hafen Munkmarsch nach Westerland. Anfang des 20. Jahrhunderts werden die Gleise bis nach Hörnum und List weiter ausgebaut.
1913	Mehr als 30.000 Bade- und Kurgäste besuchen die Insel. Es kommt zum Stillstand des Tourismus mit Ausbruch des Ersten Weltkriegs (1914–1918).
1919	Startschuss für Flüge: Die Deutsche Luftreederei verbindet Sylt mit dem Festland. Heute wird der Flughafen im Nordosten Westerlands auch als Eventgelände für Open-Air-Konzerte genutzt. Gründung der Akademie am Meer Klappholttal, eine der ältesten

Volkshochschulen Schleswig-Holsteins, durch den Arzt Knud Ahlborn (1888–1977): Aus der ursprünglichen Institution zur Aufnahme und Förderung von Kriegswaisen entwickelt sich eine Stätte der Erwachsenenbildung.

1920 Die Staatsgrenzen zwischen Dänemark und Deutschland werden neu festgelegt. In einer Volksabstimmung stimmt die Mehrheit der Sylter für Deutschland. Die Folge: Es entsteht eine Minderheit in Schleswig-Holstein, auch auf Sylt.

1927 Einweihung des Hindenburgdamms: Eine 11 Kilometer lange Bahnstrecke verbindet nun die Insel mit dem Festland.
Der Strand bei Klappholttal erhält eine offizielle FKK-Genehmigung und ist damit Sylts erster Nacktbadestrand.

1945 Viele Kriegsflüchtlinge suchen Schutz auf Sylt (Ostvertriebene aus Pommern, Schlesier, Ostpreußen). In den Folgejahren der Nachkriegszeit verdoppelt sich die Einwohnerzahl auf etwa 26.000.

1948 Westerland wird offiziell als Nordseeheilbad anerkannt. Nachkriegs-Kurgäste kommen allmählich (zurück) auf die Insel.

1950 Das Sylter Archiv im Westerländer Rathaus, zusammengeführt aus Westerländer Stadtarchiv und Keitumer Archiv, fällt einem Brand zum Opfer. Akten gehen verloren, ein großer Bestand wird gerettet.

1954 Einweihung des ersten offiziellen FKK-Strands bei Westerland.

1963 Die erste Fährverbindung zwischen Havneby auf Rømø (Dänemark) und List auf Sylt wird eröffnet.

1970 Die Inselbahn stellt den Betrieb ein, der Straßenbusverkehr wird ausgebaut.

1978 Eröffnung der Sansibar als kleiner Imbiss am Strand. 1982 brennt die Holzbude ab. Besitzer Herbert Seckler, gebürtiger Schwabe, baut sie noch größer wieder auf. Ein populäres, kultiges Szenerestaurant entsteht, wird zur Marke mit eigenem Logo (zwei gekreuzte Säbel).

2017 Rekord für den Sylter Tourismus: Mehr als 7 Millionen Übernachtungen und über 950.000 Gäste verzeichnet die Sylt Marketing GmbH (Quelle: Sylt Marketing, Langzeitvergleich: Gäste, Übernachtungen und durchschnittliche Aufenthaltsdauer 1990–2017).

2019 Erweiterung der Fährverbindung zwischen Havneby auf Rømø (Dänemark) und List auf Sylt: Ab November fährt eine zweite Fähre.

Was andere über Sylt sagen

„Nicht Glück oder Unglück, der Tiefgang des Lebens ist es, worauf es ankommt."
Gedanken von Schriftsteller Thomas Mann (1875–1955), niedergeschrieben ins Gästebuch Haus Kliffende, Kampen, am 11. September 1927

Gute-Laune-Musikduo NERVLING aus Hamburg mit Sylter Sängerin Moira Serfling und Kieler Gitarrist Tom Baetzel:
„Sylt ist nicht nur die frische Brise oder das Fischbrötchen, es sind die herzlichen Menschen und die schon beim Ankommen eintretende sofortige Entspannung, wodurch sich die Insel einfach immer nach Heimat anfühlt."
Moira

„Sylt beginnt im Kopf. Sylt ist ein Seelenzustand."
Tom

„In jeder Welle hängt ein nackter Arsch ..."
Romy Schneider (1938–1982) bei ihrem ersten und letzten Sylt-Besuch im Jahr 1968

„Oh ich hab' solche Sehnsucht,
Ich verliere den Verstand!
Ich will wieder an die Nordsee, ohoho
Ich will zurück nach Westerland."
Passage aus „Westerland" von Die Ärzte